そのまま追試できる！

理科授業サポートBOOKS

問題解決型
小学校理科授業モデル

愛知教育大学附属
名古屋小学校理科部
古市 博之 著

明治図書

5つのステップで誰でも「問題解決型授業」をつくることができる！

STEP1	STEP2	STEP3	STEP4	STEP5
出会いの場	問題把握の場	見通しをもつ場	1人1人が考えをもつ場	科学的な見方考え方のコンセンサスを得る場

はじめに

　愛知教育大学附属名古屋小学校に赴任して，6年が経ちました。赴任する前は，教材開発を中心に教材研究をしてきたのですが，それだけで理科を知った気でいました。附属の先輩達に，「その教材の意図は？」と聞かれたとき「おもしろいから」としか答えることができず，底の浅い授業をしてきたのだと思い知らされました。先輩から提示の仕方や，言葉の使い方，板書のあり方など，様々なことを教えていただき，現在に至ります。愛知教育大学附属名古屋小学校では，長年，多くの教科が問題解決型授業に取り組んできました。それをベースに，言語活動の研究を進めたり，意欲面の研究を進めたりしてきました。結果，今日的な理科授業の課題に対して，考えをもって取り組めているのではないかと思っています。

　新しい指導要領の改訂に向けて，議論が尽くされる大切な時期になりました。その中で改めて「問題解決型授業」について考えを深めるべきという潮流があると感じています。これまで，さんざん語られてきたテーマですが，改めてこのキーワードが重要視されているところをみると，この考え方がなかなか浸透していないことが理由として挙げられるでしょう。若い先生が増え，理科の授業を実施するだけでも大きな負担になっているのだと感じます。

　問題解決型授業に挑戦するには，授業を見て真似ることが一番ですが，なかなか見本となる授業が身近にないのが実情でしょう。本から学ぶこともできますが，理科の授業書において，問題解決型の授業書や解説書があまり多く出ていないように感じています。それが，この本を世に出そうと考えた原動力となりました。

　本校の理科は「問題解決型授業」をベースにしています。何年もかけて，工夫を積み上げてきました。この積み上げてきた工夫を総称して「附属名古屋式問題解決型授業」と筆者は呼んでいます。この附属名古屋式には，いくつかの特徴があります。1つは，問題解決力を毎授業，繰り返し鍛えています。その毎授業の中で問題解決の過程が5つのステップに分けられています。単元の初めに，全員に興味をもたせる「初めの観察実験」を行っています。この観察実験でもった興味を「調べたいこと」「学習課題」に引き上げるために，マグネットカードを使って集約します。さらに実験に「1人1実験」「1人1観察」をできるだけ組み込んで実践をしています。そして，科学的な見方考え方を養うために「視覚的な集約表」を取り入れた授業を展開しています。

　本書は，問題解決型授業の一例を，できるだけ具体的な事例を交えながら紹介してあります。「これが知りたい」「やってみたい！」「この実験をすればいい」「結果がおかしい」「この結果は誤差が大きいね，その理由は……」……そんな声が理科室で響き合うような授業をつくり上げてみませんか？

2016年4月　　　　　　　　　　　　　　　　　　愛知教育大学附属名古屋小学校理科部
　　　　　　　　　　　　　　　　　　　　　　　　　　　古市　博之

本書の使い方

　本書は，問題解決型授業づくりのアイデアを１単元ごとにまとめました。また，１つの学年に物化生地の４つの分野があてはまるようまとめました。１つの単元は６ページ構成になっていて，１〜２Ｐは，単元の導入にあたるSTEP１とSTEP２を，３〜４Ｐは，その単元の中から選んだ１授業をSTEP３〜STEP５としてまとめてあります。そして，５〜６Ｐは，もう１授業を選びまとめました。

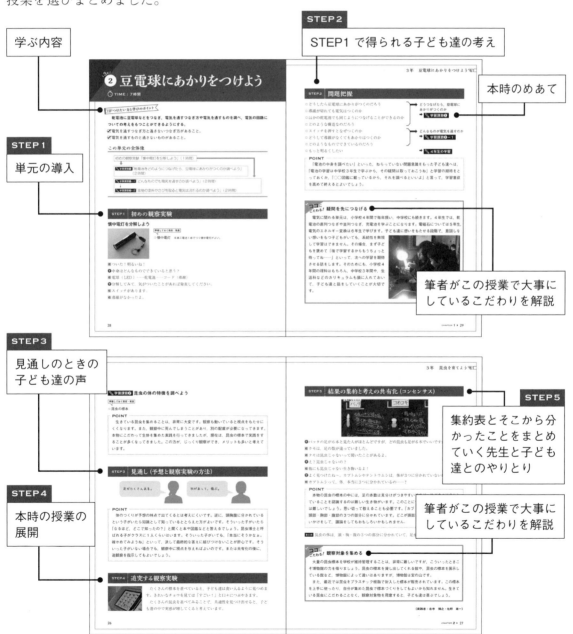

- 学ぶ内容
- STEP1　単元の導入
- STEP2　STEP1で得られる子ども達の考え
- 本時のめあて
- 筆者がこの授業で大事にしているこだわりを解説
- STEP3　見通しのときの子ども達の声
- STEP4　本時の授業の展開
- STEP5　集約表とそこから分かったことをまとめていく先生と子ども達とのやりとり
- 筆者がこの授業で大事にしているこだわりを解説

 目次

CHAPTER 1

これからの子どもに必須の「問題解決力」

❶ 今こそ問題解決型授業！ ……6
❷ 21世紀型能力って何？ ……8
❸ 問題解決型授業はアクティブ・ラーニング型授業！ ……10
❹ 教師は何を意識すればよいの？ ……12
❺ 教師の役割は？ ……14
❻ 5つのステップで問題解決型授業をつくろう！ ……16
  STEP1 出会いの場 ……17
  STEP2 問題把握の場 ……18
  STEP3 見通しをもつ場 ……19
  STEP4 1人1人が考えをもつ場 ……20
  STEP5 科学的な見方考え方のコンセンサスを得る場 ……21

CHAPTER 2

そのまま追試できる！
問題解決型理科授業モデル16

3年
① 昆虫を育てよう ... 22
② 豆電球にあかりをつけよう ... 28
③ ものの重さ ... 34
④ 太陽と地面の様子 ... 40

4年
⑤ ものの温まり方 ... 46
⑥ 月の動き ... 52
⑦ 体のつくりと運動 ... 58
⑧ 乾電池のつなげ方 ... 64

5年
⑨ 振り子 ... 70
⑩ 人の誕生 ... 76
⑪ 流れる水の働き ... 82
⑫ ものの溶け方 ... 88

6年
⑬ 水溶液の性質 ... 94
⑭ 人の体のつくりと働き ... 100
⑮ 大地の変化 ... 106
⑯ 電気の働き ... 112

CHAPTER 1 これからの子どもに必須の「問題解決力」

① 今こそ問題解決型授業！

1 学習指導要領が変わる

　再び学習指導要領が変わろうとしています。新しい指導要領には，様々な変更点が盛り込まれるでしょうが，中央教育審議会の中にある，教育課程企画特別部会「論点整理のイメージ（たたき台）（案）」中の「育成すべき資質・能力」に，次のような文言が含まれています。

> 　問題を発見し，その問題を定義し解決の方向性を決定し，解決方法を探して計画を立て，結果を予測しながら実行し，プロセスを振り返って次の問題発見・解決につなげていくこと（問題発見・解決）

　しかし，理科の学習において，このような「問題発見・解決」は定石と言ってよいものです。理科の世界では昔から問題解決型授業が研究され，多くの先輩方によって実践がなされています。研究会に行けば，多くの研究会で問題解決型授業を実施しています。アクティブ・ラーニングの重要性を，文科省の方から語られますが，問題解決型授業に取り組んでいれば，何も慌てる必要はありません。もうすでに実践しているといっても過言ではないでしょう。つまり，新しい学習指導要領になっても，新しい力をつくり上げる訳ではないのです。
　しかし，どの学校でも問題解決型授業が行われているかと，振り返ってみると，そうでもない実態がありそうです。

2 現行の学習指導要領でも明記してある問題解決力

> ○　問題解決の能力を育てること
> 　児童が自然の事物・現象に親しむ中で興味・関心をもち，そこから問題を見いだし，予想や仮説の基に観察，実験などを行い，結果を整理し，相互に話し合う中から結論として科学的な見方や考え方をもつようになる過程が問題解決の過程として考えられる。このような過程の中で，問題解決の能力が育成される。小学校では，学年を通して育成する問題解決の能力が示されている。

　平成20年版の学習指導要領解説にも上記のように記述されています。どの学校でも，どの学級でも問題解決型授業に取り組めるとよいと示されているのです。しかし，知識先行型の授業から脱却できていないことは，全国的な傾向と言えるでしょう。だからこそ，アクティブ・ラーニングという言葉を目玉にして，授業改善をする方針を打ち出しているのではないかと感じています。

3 なかなか広まらない授業

　問題解決型授業をしている人は確実にいて，文科省もその大切さを説き，研究会でも問題解決型授業をしているのに，なかなか広まっていません。

　様々な要因が考えられますが，1つの原因として，問題解決型授業を行うには，授業者にとってハードルが高いという印象があるからだと感じています。一口に問題解決型授業といっても，正確な形があるわけではありません。問題解決型授業を実施するには，学年はもちろん，地区によっても，指導の仕方は変わってきます。実施時期によっても変わってくるのが問題解決型授業です。よって，問題解決型授業を身に付けるためには，継続して問題解決型授業を参観することで，自分に合った方法を見つけることが一番です。筆者は，附属小学校で教育実習を行い，その方法を学び，理科の研究が盛んな地区で実践を重ねることができました。校長先生も理科の方で，研究授業を指名されたり，研究発表会に出かけさせていただいたりするなど，経験を多く積むことで問題解決型授業が身に付いたと思います。若い先生が増える中，このような好条件が揃った環境を全ての先生に保証することはできないでしょう。

　もう1つは，理科が苦手の先生が多くいるという事実です。小学校には文系の先生が多くいます。その多くの方の理科の授業は，教科書を教えています。教科書の解説をしながら，理科の授業をすすめているのではないでしょうか。その方法を否定するつもりはありません。しかし，「理科をどう教えていいのかわからない」という声をよく聞きます。問題解決型授業では，単元の最初に教科書を開いて，「○○について勉強するよ」といった進め方はしませんが，教科書の内容を意識して授業を組み立てます。教科書は大切なバイブルといってよいでしょう。「教科書を教える理科の授業」から「問題解決型授業」へ授業を進化させるには，意欲をもって学ばなければ，できるようにならないと感じています。

4 指南書の必要性

　全国的に教員の若返りによって，地域では核になるリーダーの不足が深刻化しています。学校にリーダーが不在となれば，見本となる実践者も不在となります。同じ学校で，先輩の授業を見て，その授業を真似ることで，教師としてのスキルを磨くことは，今の学校では難しいでしょう。さらに，問題解決型という，「高い経験値」と「方法論についての知識」が必要な授業を展開するには，いくらインターネットなどでコンテンツをサポートしても，変化は期待できません。やはり，多くの先生が問題解決型授業について学ぶ機会がなければいけません。そして，「問題解決型授業」という指南書を，多くの先生方が発信をして，授業の技を次世代の先生に継承していく必要があると思うのです。

❷ 21紀型能力って何？

■1 21世紀型能力の基盤

　「①思考力を中核とし，それを支える②基礎力と，使い方を方向づける③実践力の三層構造である資質・能力」を「21世紀型能力」として国立教育政策研究所が提案しました。この提案は，「社会の変化の主な動向等に着目しつつ，今後求められる資質や能力を効果的に育成する観点から，将来の教育課程の編成に寄与する選択肢や基礎的な資料を得る」ことを目的に実施されたものです。この考え方が，「論点整理のイメージ（たたき台）（案）」に入っていますし，次期指導要領に大きく反映されると言われています。そして「理科における思考力や基礎力とは何だろう？」「実践力って何だろう？」といった議論も始まっています。本校の理科部では，この三層構造に本校のスタイルをあてはめると以下の様になると考えています。

> ①思考力＝問題解決力
> ②基礎力＝言語力
> ③実践力＝生きる力

　本校では，問題解決力こそ，今まさに求められている力であると考えていて，それを育てる「問題解決型授業」こそ，今まさに求められている授業であると考えています。問題解決型授業で思考力を育てることが，21世紀型能力の観点から見ても，学習の基盤になると考えています。

■2 21世紀型能力に関わる視点

　本校の理科は，問題解決型授業の実践に長年取り組んでいます。これまで様々なアプローチによって，子ども達の思考力を育ててきました。数年前より言語活動の充実をテーマに実践を積んできました。次のシリーズで意欲面の向上に向けた手だてを検討し，問題解決の過程を自分事の課題として取り組ませるよう実践を積みました。そして，現シリーズでは，実践力の研究を進めています。

①思考力とは，問題解決力

　本校の理科で実施している問題解決型授業は，5つのステップに分けて，子ども達を思考させています。「①出会いの場」では，疑問をもたせるために感動のある事象との出会いを大切にしています。「②問題把握の場」では，①の場でもった疑問を言語化し，それぞれ個人でもっている問題意識を，学習集団の共通の課題「学習課題」にしています。「③見通しをもつ

場」では，②の場で得られた「学習課題」を解決するために，どのような予想をもち，どのような観察実験をすればよいのかを考えます。「④1人1人が考えをもつ場」では，1人1人が観察実験に取り組み，観察実験のデータをとり，他のデータと比較しながら自分の考えを導き出します。「⑤科学的な見方考え方のコンセンサスを得る場」では，お互いの考察を比較しながら，考えを戦わせ，コンセンサスを得ることで結論を導きます。

　このような5つのステップを様々な教材で繰り返し実施することで，子ども達の問題解決力を育み，思考力が育つと考えています。

②基礎力とは，言語力

　問題解決型授業を繰り返ししても，学びがこれまでの学習と結びつきが弱かったり，視点が定まらないときがあります。この原因に1つとして，前時までで学んだことが，子ども達の頭の中で落ちていないことがあげられます。また，話し合いを進める中で，子ども達が使っている言葉の意味合いにズレがあると，いくら話し合っても，かみ合わず，結局それぞれの思いで観察実験を行い，それぞれの思いで結果をまとめることになってしまうことがあります。教師は，子ども同士で意見がかみ合わなかった場合は，言葉を整理し，共通の言葉で語ることができるよう調整をしなければなりません。例えば「今まで習ってきた言葉で語ると，どんな風に言えるのかな？」などと，言葉をかけることによって，前時までの学習と関連づけます。

　理科では，観察や実験が主たる活動と思われがちですが，言語活動は重要な要素と言えます。言語活動をしっかり保障し，理科の言語力を鍛えることが，理科の基礎につながると考えています。

③実践力とは，生きる力

　子ども達が新たな課題と出会ったとき，どのように考え，行動するのか，資質能力ベースで力をつけることが求められています。それが実践力と言え，それが生きる力につながっていくのだと考えています。本校の理科では，実践力をつけるために，学習を深めた段階で「未知の課題」と称する不思議な事象や身の回りにある事象を提示し，その理由を考えさせています。子ども達は思いもよらなかった課題を提示され，困惑する子もいますが，話し合いながら，今まで得てきた科学的概念を基に答えを導き出していきます。社会に出る前に，このような練習をすることで「生きる力」が身に付いていくと考えています。

3 問題解決型授業はアクティブ・ラーニング型授業!

1 育てるのは「問題解決力という資質や能力」

　「魚をあげるのか,魚の釣り方を教えるのか。」という例え話がありますが,問題解決力という「資質や能力」は,科学的な見方考え方ができるようになるための方法と考えています。少々乱暴ですが,科学的な知識は「魚」で,問題解決力は「魚の釣り方」と例えるとわかりやすいかもしれません。科学的な知識を得るための方法を学ぶことは,自然現象に対する問題に直面したときに,問題を解決する「術」を得ると言うことです。

　その「術」は,身に付くまでに時間がかかります。繰り返し取り組む必要もあります。問題解決のためには,様々な実験道具を扱えるようになることも大切です。3年生でまずはビーカーを触り,4年生でビーカーを使って沸騰をする実験を行い,5年生でガラス棒を使ってかき混ぜることを覚えます。6年生では,薬品をビーカーに入れて使います。その実験には,薬さじやメスシリンダー,電子天秤なども併せて使うことになってきます。1つの単元の中でも,繰り返し使うことで,だんだん慣れ,上手に使用できるようになってきます。道具の使い方1つとっても,使いこなすためには,繰り返し使用する必要があります。

2 考えることを楽しむ心

　10年ほど前に,理科離れという言葉が,大きく取り上げられていました。様々な地域や組織で話題となり,それに向けた改善策が打たれました。「本来子ども達は理科好きである」という研究も多くされていました。科学館などで行われているサイエンスショーや科学の祭典など,本来ある科学のおもしろさを語るイベントも多く行われています。本来,子ども達は理科が好きなのです。しかし,統計を見ると,年齢が上がるほど理科嫌いは増えます。子ども達に「なぜ理科が嫌いなの?」と聞くと,「実験は楽しいけど,考えることがいや」と多くの子が答えます。考える力が欠如しているのです。特に小学校の高学年から顕著になります。その状況は,全国統一テストで裏付けられることになりました。

　興味深い事象を提示すれば,多くの子が食い入るように結果を見ます。興味深い事象の提示の後,子ども達は様々なことを考え始めます。課題に対する予想を立てるときには,子ども達はわくわくしながら自分の予想を発表するでしょう。1人が発表すると,自分の考えも正しいと伝えるために,必死になって考え,発表します。そして,その気持ちをもった状態で観察実験に取り組み,結果を導きます。その結果は予想と比較をして,再び考えます。結果に対する考察は,子ども達が自分で納得していると満足げな顔をしていることが多く,「どや顔」で結果と考察を発表してきます。結果に対する考察が,クラスの中でまとまらないときは,議論が再び始まります。必死に自分の意見を伝えあう姿は,考えることを楽しんでいる心を表出して

います。

　結果からの考察はとても重要です。そして，実験後の考察だけではなく，その実験をどうして行うのかといった，その実験が自分事になっているかについて，さらに大切な要素だと考えます。そして，興味関心をしっかりもたせ，その上で課題をつくっていくことが大切だと考えます。理科好きを育てるためには，問題解決型授業はうってつけです。

3 体験と言語の往復で，言語力の育成

　思考力の話題が，大きくクローズアップされている昨今ですが，「体験の充実」も大切だと考えています。具体を通した体験を十分に積まないと，抽象的な考え方は見えてきません。できるだけ多くの体験を幼稚園から積み，さらに低学年でも積み上げていくことで，ベースとなる体験になってくるのだと考えています。さらにその体験を，3年生や4年生でも積むことが大切です。小学校の課程では，学年があがると共にだんだん抽象的な考え方をしていくことが

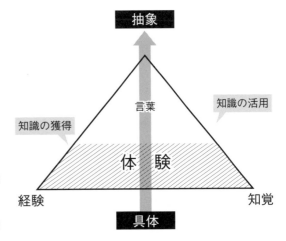

求められたカリキュラムになっていますが，基本的には小学校までにはこの体験を重視した学習展開をし，下の学年から積み上げていく必要があるでしょう。

　その上で，これまで培っていた体験を基に，理科に関わる言語を問いかけることで，言語力がついてくるのだと考えています。理科は，具体と言語を行き来する教科といえます。事象があり，その事象を言語にします。不思議と思った気持ちを，言語にすると「どうして○○は，飛び出したのだろう」「どうして○○は変わらないのだろう」といったように，ここで言葉という抽象的なものへ変換する力こそ，理科における言語力だと考えています。

　こういった具体を使った体験を大切にしなければ，実感の伴った理解へは向かいません。言葉の上で，「磁石にはN極とS極がある」とか「鉄は磁石に引きつけられる」といった知識になるだけです。「鉄とは何か？」「極とはどこまでを指すのか」と質問をしても，言葉の上で知っている子どもには答えることができませんが，鉄粉やクリップなどで実験を重ねた子ども達であれば，正確な定義はいえなくとも，3年生なりの言葉で「きらきらしているもの」「堅いもの」「先っぽの方が多くでだんだんつかなくなる」といった返答が聞き取れます。そういった実感を理科では大切に育てていくべきだと考えています。

　以上の3点を筆者は大切にしていますが，まさにアクティブ・ラーニングが目指すものといってよいのではないでしょうか。

4 教師は何を意識すればよいの？

1 経験の量も大事だが，質も大事

　問題解決力は，問題解決型授業を繰り返すことにより，備わっていくと考えています。しかし，3年生の始めから6年生の最後まで，同じような問題解決の授業をしていても，子ども達は飽きてしまいます。教師は，子ども達の実態や，教材を考慮しながら，教材と出会わせ，授業を構成します。型にはまった授業ではいけません。その構成を，いかに無駄なく，効果的に出会わせ，学びを深めていくかが「教師の腕」となります。子ども達が育っていけば，技能も育ち，思考も育ちます。もちろん知識もつきます。技能や思考を育てながら，知識を定着させるために，教師も研鑽を積まなければならないのです。

2 最初の言葉は教師から

　問題解決型授業は，子ども達が主体的に関わることで成り立っていると思いすぎると，実は失敗します。子どもに任せるということは，教師の高い技術が必要なのです。その高い技術がないのに子ども達に任せ，這いずり回る授業をしてしまうことがあります。そんなとき，子ども達のせいにはできません。授業の責任者は，教師です。

　何も知らない子ども達に接するときに，やはり最初に声をかけるのは教師です。教師が教えなければ何も始まりません。問題は何を教えるかなのです。

3 最初は問題解決の過程を，じっくり教える

　3年生の初め，自然の中で，色々な植物や動物がいることを見つけ，観察することを覚えます。本校の理科部では，問題意識をもたせた後，「どんな植物があるのかな？予想してみようか……」と，始めます。予想といっても，子ども達がおぼろげに言っている「葉っぱがあった」とか「白い花があった」など，科学的な根拠をもった予想にはしていません。予想を立てる対象を見つめる習慣を身に付けさせているのです。まずはそれで十分だと考えています。だんだんと根拠のある予想を立てることができるようになっていけばと考えています。

4 子ども達に任せすぎない

　特に3年生ですが，4年生も，多くの視点をもたせすぎると，教師誘導の授業か，科学的な視点のない授業になってしまい，成功しません。例えば，ゴムの力と風の力の単元で，ゴムを引っ張ると引きつける力が強くなることを問題意識としてもち，条件を変えたいと子どもが思ったとき，どうすればよいのでしょうか？「輪ゴムの本数を変えたい！」「太さを変えたい」「大きさを変えたい……」生活科で試行錯誤をすることを覚えてきた子ども達は，いろいろな

実験を提案します。しかし，子どもの思いを大切にして，実験の方法を考える場合，条件制御の知識がなければ，この場面では科学的とは言えません。

　この場合は，条件制御については，目的とせず，子ども達から様々な実験方法が提案されることを褒めるとよいと思います。その後は，「輪ゴム１本と２本で比べてみようか」などと，教師が設定することも考えればよいと思います。もちろん，実態に応じて条件制御に取り組んでもよいでしょう。しかし，全てを求めてはいけません。観点を絞ることは，教師の大切な役割です。

5 学年に応じた資質を意識する

　学習指導要領解説にもありますが，「比較」「関連づけ」「条件制御」「推論」は，発達段階に応じた大切な視点です。この系統性を意識して，問題解決の過程に取り組ませることが大事です。4でも述べましたが，３年生の段階で条件制御に手こずった場合は，教師が支援する必要ができます。しかし，６年生の段階で，条件制御や関連づけができてない場合は，体験する時間を削ってでも，もう一度確認をしながら学習を進めるべきです。それが，教師の役割です。人の体のつくりと働きの単元で，石灰水に息を吹き込み，白濁したので，吐く息には二酸化炭素が多く含まれているという考察をした児童がいました。不完全な考察に対し，こここそ教師としての出場と考え「それだと比較実験になっていないよ」と指摘しました。しかし，子ども達はその指摘の意味が分からず，結局，こちらで必要な実験を示すことになりました。子ども達は説明を聞いた後，納得した様子でした。学年に応じた力がついていない場合は，教師が発問をすることで気がつかせることが大切です。

6 系統性を意識する

　予想をするとき，既習事項を基にした根拠を発言させることで，学習がより深まります。現行の理科の指導項目は，系統性を重視したカリキュラムになっています。しかし，なかなかその考えが子ども達から出てこないときもあります。この場合「３年生のときに学ばなかったかな」ととぼけながらヒントを出すことがあります。「なるほど，その実験は３年生でやったね」などと，あえて相づちをうち，系統性を意識できるようにすることも大切です。子ども達はその言葉で「あー，そうだった」と思い返す子がいます。それも，教師の大事な役割です。

❺ 教師の役割は？

1 教師主導では意味がない

　前項で，問題解決力は教師が教えるものと書きましたが，教師が主導をしすぎても，問題解決力はつきません。当たり前のことですが，学習の主体は子どもです。子どもの主体的な学びを引き出すことは，教師として大事な取り組みです。しかし，問題解決学習を熱心に取り組めば取り組むほど，はまり込んでしまう罠があります。この罠には，大きく分けて2つのパターンがあるのではないでしょうか。

　1つめは「子どもの主体性を重んじすぎて，這いずり回る問題解決」です。そして2つめは，「問題解決型授業の流れを大事にしすぎて，子どもが動いているように見えても，教師の指示通り子どもが動く授業」です。教師主導では意味がありません。問題解決の型にはまりすぎると，実は問題解決力はつかないのです。このことは「問題解決の形骸化」として問題提起がされています。しかし，筆者は「時として形にはめることは必要」と考えています。まずは形を教えます。形で授業をすることも大切です。そして，ある程度の力がついたところで，その形を打破する手立てを大切にする。型をつくり，いったん壊すことで，その力をより強固なものにするのです。型をつくるのも，壊すのも教師です。そのタイミングや手順など，子ども達と教材を，見極め，取り組むことができたら，もうプロの教師です。

2 教師の「出場（でば）」を見極める

　前項でも記述しましたが，系統性のある学習展開にすることや資質や能力を育成することは教師の仕事です。そして，問題解決の型をつくり，型を壊すことも。それこそが教師の出る場所だと考えています。「出る場所」を「出場（でば）」と言います。出場が多すぎると，教師主導になります。しかし，出場がないと，何を指導しているのか分かりません。授業内で，その出場を見極めることが必要です。そのための，教材研究であり，そのための児童理解です。

　教材によって，学べる内容が変わるときがあります。道具の使い方なのか，実験結果の差異がうまれやすい場面なのか，実験結果の差異が逆に混乱を招く場面なのか。活発な児童が多いクラスなのか，じっくり観察する児童が多いクラスなのか。難しい発問にもついてくる児童が多い学級なのか，思考問題には自信をもって発言できないクラスなのか。手立ては，学級の数だけあると思います。その状況を的確に判断することが，教師の出場を見極めることなのだと思っています。教師の出場では何をするのか。それは，「言葉をつなぐこと」と「確認をすること」と「意図的に迷わせること」だと思っています。

①言葉をつなぐこと

　問題解決の過程を理解していったとしても，子ども達だけで学習を進めても，今までの学習と結びつきが弱かったり，視点が定まらないときがあります。そのときが，教師の出場です。子ども同士で意見がかみ合わなかったときは，言葉を整理し，共通の言葉で語れるようにします。今までの学習との関連が弱かった場合は，「今まで習ってきた言葉で語ると，どんな風に言えるのかな？」などと，言葉をかけることによって，前時までの学習と関連づけます。この言葉のつなぎをすることで，個人の学習になってしまうか，集団の学びに向かうのか，分かれ目となります。

②確認をすること

　問題解決型授業をするときに，曖昧な根拠で発言をする子が多くいます。そんな場合は「証拠はどこ？」とか「根拠は？」と問いかけると，子ども達はもう一度，思考をして発言をすることになります。この確認が，とても大切です。実験結果を参考にして考察しているのか，今までの学習を元にしているのか，素朴概念なのか。子どもによって同じ言葉を使っていても内容が全く違っていることがあります。確認をしないと授業が成立しなくなっていきます。どこからその考えが来ているのか，その言葉は何を意図しているのか，子どもに分かる言葉を使って確認することで，学習の深まりが変わります。

③意図的に迷わせること

　結果から考察がわかりやすい場合，深く考えずに考えを言うことがあります。実は分かっていないこともあります。例えば，鉄に磁石をつけると，鉄が磁化します。小さな釘などを持ち上げる現象を見て，鉄が磁石になりました……とだけ理解し，学習が終わることがあります。もっと，様々な展開が考えられるのではないでしょうか。ここここそ，教師の出場になります。意図的に迷わせるのです。「じゃあ，このゼムクリップ。これはつくかな？」と提示して，「鉄だからつきます」と多くの子は思うのですが，大きいクリップだと，重たくて磁化した鉄では，持ち上げることができないときがあります。「磁石になっていないよ」と揺さぶります。子ども達は悩み「弱い磁石なんだ」と仮説を立てます。「弱い磁石だから，軽い鉄なら持ち上げることができる」と考え，軽い鉄を要求します。小さな釘やゼムクリップ，砂鉄などを用意しておくと，「やっぱりつくよね」と子ども達は口々に言います。そんなときはとぼけながら，「あれそうだっけ。でも，鉄の棒にはつかないから，やはり，磁石ではないんじゃないの」と切り返します。そうすると，「先生，鉄の棒をもってください。この棒につけると持ち上がります！　やっぱり磁石になったんだ！」と子ども達が力説します。意図的に迷わせることで，より深い学びに結びつくことがあります。これこそが，教師の大事な出場です。

6 5つのステップで問題解決型授業をつくろう！

■ 単元の流れ

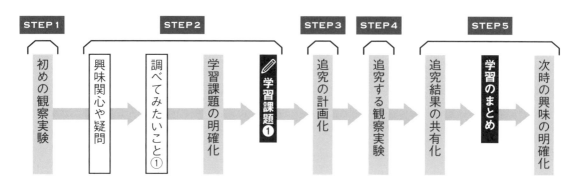

■ 使用している学習プリント

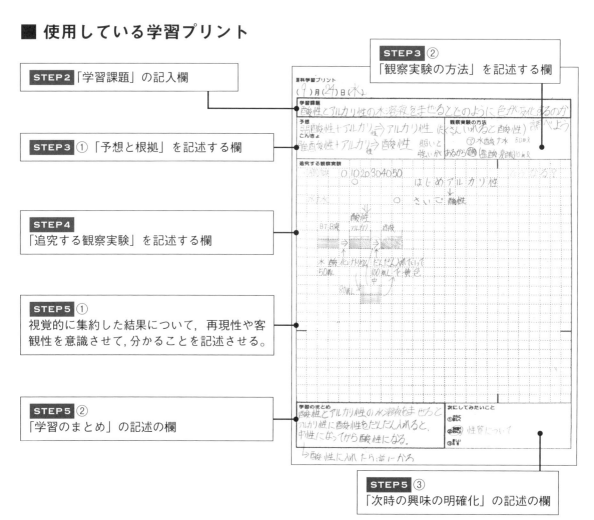

- STEP2「学習課題」の記入欄
- STEP3 ①「予想と根拠」を記述する欄
- STEP4「追究する観察実験」を記述する欄
- STEP5 ① 視覚的に集約した結果について，再現性や客観性を意識させて，分かることを記述させる。
- STEP5 ②「学習のまとめ」の記述の欄
- STEP3 ②「観察実験の方法」を記述する欄
- STEP5 ③「次時の興味の明確化」の記述の欄

STEP 1　出会いの場

　単元の初めに，自然の事物・現象との感動のある出会いができるようにするために，共通の観察実験をさせ，自然の事物・現象の全体を捉えた興味関心や疑問をもたせています。この出会いを「初めの観察実験」と呼んでいます。この初めの観察実験には，3つの留意点があります。

①強く印象づけられる自然の事物・現象を提示する。

　子ども達に，興味関心や疑問をもたせるためには，強く印象づけられる提示が必要だと考えています。そのためには，インパクトのある自然の事物・現象を見せることができれば，その教材を採用します。お湯をかけることで，水が飛び出してくる4年生の教材は，子ども達は喜び，面白いと口々に発言します。3年生のカブトムシの幼虫や5年生のメダカの卵を直接提示することも，強く印象づけるものとなります。本物をそのまま提示することは，子ども達にとって大きなインパクトとなり得るようです。

②つかませたい学習内容を含む観察実験を提示する。

　発問や短い時間での導入実験観察をするだけでは，1〜2時間の内容分しか，学習内容に対する目標がもてません。つかませたい学習内容を含むために，複数の要素が入っている観察実験を提示することも考えられます。この観察実験を丁寧に行うことで，子ども達の興味関心や疑問を引き出すことを目標にしていますが，丁寧に扱えば，その分時間がかかります。そうなると単元の中でそう何回も初めの観察実験を打つことはできないので，できるだけ複数の要素，できれば単元全体を貫く学習内容を含む提示ができるとよいと考えています。

　ただし，要素が多い場合は，見る視点を教師が絞る必要もあります。子ども達の発言を切り盛りする教師の技術が必要になってきます。

③演示実験，グループ実験，1人1実験など，学習内容や子どもの実態に合わせて行う。

　子ども達には扱えないような危険な観察実験も時には含めると，理科の奥深さを子ども達に感じさせることができるのではないでしょうか。調整の難しい実験もあってよいでしょう。幼虫や卵の提示などは，子ども達1人1人にあった方が，のめり込んでいくことでしょう。その実態に合わせた観察実験を提示できるとよいと思います。

STEP2 問題把握の場

「初めの観察実験」後,学習プリントに興味関心や疑問（「どうして……だろう」「……してみたい」など）を記述させ,その中から1つ選んだ内容を,さらにマグネットカードに記述させます。その後,マグネットカードをホワイトボードに貼らせます。マグネットカードに書かれた1人1人の興味関心や疑問を教師と共に話し合いながら,問題解決の目的,方法,対象などに分類して黒板に貼っていきます。方法や対象の意図（「どうしてそれをしてみたいと思ったのか」「なぜ,それを使ってみたいと思ったのか」など）を明らかにさせながら問題解決の目的を子ども達の「調べたいこと」として整理させます。

そして,その「調べたいこと」から,「学習課題」を設定させます。「学習課題」が複数設定される場合は,観察実験を行う順番についても話し合わせます。第2時以降については,「初めの観察実験」の後に「調べたいこと」として整理した内容や前時の「次時の興味の明確化」でもった子どもの願いを基に学習課題を設定させます。

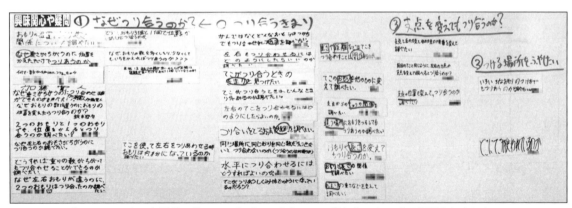

「てこのつりあい」単元で①てこはなぜつりあうのか,②おもりをつける場所をふやしたい,
③支点を変えてもつりあうのか,3つの調べたいことに要約した。

STEP3　見通しをもつ場

　学習課題を立てた後，学習課題に対する予想を1人1人に立てさせます。そして，その予想を確かめるための観察実験の方法を考えさせます。

　1人1人が考えた観察実験の方法を発表させ，同じ内容に分類させると共に，分類した方法が学習課題に対する予想を確かめるための観察実験の方法となるように整理し「追究する観察実験」の方法を設定させます。

　「追究する観察実験」で使用する器具については，理科室の引き出しや棚の中にあるものから，観察実験に必要なものを取りに行かせます。また，常備されていないものについては，教師が準備しておき，すぐに使えるようにしておきます。

実験に必要な材料は，子ども達が考え応じて自由に使用できるようにする。

子ども達が，器具の選択もできるよう，理科室を整えておく。

STEP4　1人1人が考えをもつ場

　子ども自身のやりたいものから順に観察実験を行わせます。観察実験の結果が出たら，その都度，結果をホワイトボードなどに掲示した表やグラフなどにシールなどで記録させ，視覚的に集約させます。視覚的に集約された結果から，自分の観察実験の結果だけでなく，友達の観察実験の結果と比較したり，全体の観察実験の経過や結果から誤差や傾向を考察したりした上で自分の考えを記述させます。このとき，再現性や客観性を意識させながら自分の考えを記述させていきます。

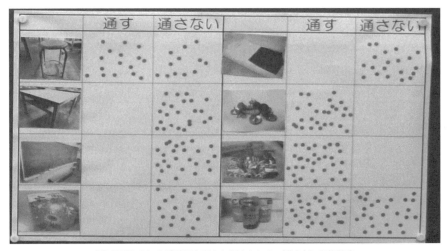

「身の回りのものが電気を通すか通さないか（3年）」の集約表

集約表に追究結果を示している様子

STEP5　科学的な見方考え方のコンセンサスを得る場

　結果を得たところで，それに対する解釈を自分たちで話し合い，結論を出させます。このコンセンサスを得る場面において，子ども達の主体的な議論を引き出すことができれば，より問題解決が自分事の取り組みに変わっていくでしょう。そのためには3つのポイントがあると考えています。

①議論できる力を育てること（技能）
②議論したくなるしかけをつくること（意欲）
③議論を楽しむ経験を多く積むこと（習慣）

　まず，子どもに力をつけることが必要です。議論をするには，聞く姿勢はもちろん，課題意識をもって取り組むことや結果を読み取る力などの技能が必要です。その「高い技能」が無ければ，議論は成り立ちません。よって，まずその技能を磨くことが大切です。子ども達にその力が元々備わっていればよいのですが，その力をつけるのも，見極めるのも教師の勤めだと考えています。

　ある程度議論する力がついたら，次に，議論したくなるしかけづくりが大切になってきます。議論は，偶然に起きるものではなく，教師が意図的にカリキュラムの中で組み込んだり，子ども達に意識させるような発問をしたりすることで起こすべきです。そのために教師は様々な布石を打ちます。この「意図的なしかけ」により，前時までに打ってきた布石が作用して，子ども達は意欲的に議論を始めるのです。

　そして，「高い技能」と「意図的なしかけ」を継続的に実施することが大切です。1授業だけ議論ができただけでは「議論を楽しむ子」が育ったとは言えません。繰り返すことで子ども達に身に付き，議論を楽しめるようになってくるのです。

CHAPTER 2 そのまま追試できる！問題解決型理科授業モデル16

① 昆虫を育てよう

3年!

TIME：6時間

つけたい力と学びのポイント

身近な昆虫を探したり育てたりして，成長の過程や体のつくりを調べ，それらの成長のきまりや体のつくりについての考えをもつことができるようにする。

☑昆虫の育ち方には一定の順序があり，成虫の体は頭，胸及び腹からできていること。
☑飼育を通して行うこと。

この単元の全体像

初めの観察実験「モンシロチョウの卵を観察しよう」（1時間）
↓
学習課題❶-1「モンシロチョウの幼虫の変化を調べよう」（2時間）
↓
学習課題❶-2「モンシロチョウ以外の昆虫はどのように成長するのか調べよう」（1時間）

学習課題❷「昆虫の体の特徴を調べよう」（2時間）

STEP1 初めの観察実験

モンシロチョウの卵を観察しよう

準備しておく教材・教具
□モンシロチョウの卵　※できれば全員分
□モンシロチョウの卵の写真
□拡大投影機

🅣 このキャベツにはモンシロチョウの卵がついています。見つけられるかな？
🅒 ない。
🅒 見つからないよ！先生。
🅣 こんな形をしています。色は，白色。すごい小さいから注意して観察しようね。
🅒 変な形！
🅒 あった！あったよ！

3年　昆虫を育てよう

STEP2　問題把握

- □ 卵の育て方を調べたい
- □ モンシロチョウを育てたい
- □ モンシロチョウの好きな食べ物を知りたい
- □ モンシロチョウが卵を産むときを観察したい
- □ どうして葉に卵を産むのだろう
- □ 卵がどのように変化するのか
- □ 卵のからをやぶるときを観察したい
- □ モンシロチョウの幼虫になったらどうなるのか
- □ 何日で生まれるのだろうか
- □ モンシロチョウの幼虫を観察したい

→ 育てて，変化を調べたい
　➡ 学習課題❶−１

- □ ほかの昆虫の卵と比べたい
- □ 他の昆虫も育てて調べたい

→ 他の昆虫を調べたい
　➡ 学習課題❶−２

- □ どうして細長い形なのか
- □ どうしてつぶつぶがあるのか
- □ どうしてこんなに小さいのか
- □ どうして黄色なんだろう
- □ どうして体に黒いもんがあるのだろう

→ 昆虫の体を調べたい
　➡  学習課題❷

POINT
子ども達からは，とてもたくさんの思いが出てきます。しかし，まだ科学的な見方考え方が身に付いていないため，思い思いの考えとなります。そこで，子ども達の考えをよく聞きがら，考えを分類・整理していく必要があります。

ココにこだわる！　本物の卵の準備

本校のほとんどの子ども達は，モンシロチョウの卵を見たことがありません。卵のついているキャベツを見せても，卵を見つけられない子が半分ほどいます。モンシロチョウの卵の大きさをイメージできていないからです。本物を見せることで，これがモンシロチョウの卵なのだと……やっと実感がわいてきます。本物を集めることにこだわって授業をすると，子ども達の追究が，本気になってきます。

📝 **学習課題①-1** モンシロチョウの幼虫の変化を調べよう

準備しておく教材・教具
□モンシロチョウの幼虫　□スケッチシート

STEP3 見通し（予想と観察実験の方法）

だんだん大きくなっていくと思います。

幼虫は、さなぎというものになるらしいよ。

POINT

　モンシロチョウの卵が準備できたら、毎日観察しましょう。毎日観察することで、変化を身近に感じることができます。観点は、植物のときの学習をいかせるとよいでしょう。本実践では「色」「形」「大きさ」を視点にして調べました。同時にスケッチをできるだけするようにしました。この学習は、2週間ほど継続して実施するとよいでしょう。段々大きくなることは、3年生にとっても自明のことですが、脱皮をする際に急に大きさが変わります。そういった面も観察できるように、見通しをもつ段階で、フンの処理やエサやりなどの世話をしながら観察できると、より愛着もでてくるでしょう。そういった中で、見通しをもたせていくとよいでしょう。

STEP4 追究する観察実験

　毎日、観察とスケッチを続けると、子ども達の中でだんだん考えをもつようになってきます。ある程度、幼虫が育ったところで、今日は今までとってきた変化の様子を比べてみようか、と投げかけます。最初の頃は小さかった幼虫も、いつの間にか大きくなっています。子ども達は小さかったときのことを覚えている子と、もう忘れてしまっている子がいます。そういったことともふまえて記録をとる大切さも伝えます。

3年　昆虫を育てよう

STEP5　結果の集約と考えの共有化（コンセンサス）

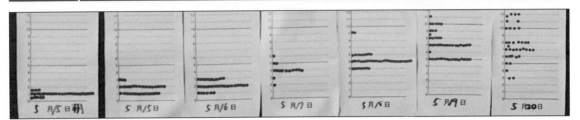

- 🅣 さぁ，今までのグラフを並べて気がついたことはありますか？
- 🅒 だんだん大きくなっています。
- 🅒 大きくなっている幼虫もありますが，あまり大きくなっていない幼虫もいます。
- 🅣 大きくならない幼虫もいるの？
- 🅒 全部大きくなっているけど，大きくなり方が……遅いのかな……。
- 🅣 なるほど。みんなも，1人1人ちょっとずつ大きさが違うものね。それと同じだね。
- 🅒 先生，ぼくの幼虫はさなぎになる前に小さくなったよ。
- 🅒 先生，少しずつ大きくなるのではなく，急に大きくなるときがあったよ！
- 🅣 すごい！それは大発見だね。

> **POINT**
> 　急に大きくなったのは，脱皮をしたときです。子ども達が，脱皮を観察することができるかもしれません。また，さなぎになっても動く姿を見て，子ども達は驚くかもしれません。こういった共有の場で，子ども達の発言からそういった発見を拾うことができると，子ども達はもっと観察することを楽しみ出すでしょう。

まとめ 20日ぐらいたつと多くの幼虫がさなぎになる。

ココにこだわる！　1人1人に観察を

　この単元こそ，1人1観察をさせます。子どもが喜んで参加するからです。昆虫が苦手な児童も，大きくないので，それほど苦にしないケースが多いです。ただ，全員分の卵を採取することは非常に労力がかかります。よって，この場合，モンシロチョウを飼育して，卵を産ませることが最適です。モンシロチョウは1匹で約100個の卵を産みます。産ませた卵を学年全員で観察します。これほどしっかりと比較しながら観察できることはまずありません。子ども達は喜んで，自分たちの幼虫を見比べながら観察するでしょう。

学習課題❷ 昆虫の体の特徴を調べよう

準備しておく教材・教具
□ 昆虫の標本

POINT

生きている昆虫を集めることは，非常に大変です。観察も動いていると視点をもたせにくくなります。また，観察中に死んでしまうことがあり，別の配慮が必要になってきます。本物にこだわって生体を集めた実践を行ってきましたが，現在は，昆虫の標本で実践をすることが多くなってきました。この方が，じっくり観察ができ，メリットも多いと考えています。

STEP3　見通し（予想と観察実験の方法）

　足がたくさんある。

　羽があって，飛ぶ。

POINT

体のつくりが予想の時点で出てくるとは考えにくいです。逆に，頭胸腹に分かれているという子がいたら知識として知っているととらえた方がよいです。そういった子がいたら「なるほど，どこで知ったの？」と聞くと本や図鑑などと答えるでしょう。昆虫博士と呼ばれる子がクラスに1人くらいはいます。そういった子がいても，「本当にそうかなぁ。確かめてみようね」といって，決して最終的な答えに結びつけないことが肝心です。そういった子がいない場合でも，観察中に視点を与えればよいのです。または共有化の後に，追観察を指示してもよいでしょう。

STEP4　追究する観察実験

たくさんの標本を並べていると，子ども達は食い入るように見つめます。きれいなチョウを見ては「すごい！」と口々につぶやきます。

たくさんの昆虫を並べてみることで，共通性を見つけ出せると，子ども達の中で実感が増してくると考えています。

3年　昆虫を育てよう

STEP5　結果の集約と考えの共有化（コンセンサス）

- T バッタの足が6本と見た人がほとんどですが，どの昆虫も足が6本でいいですか？
- C クモは，足の数が違っていました。
- C クモは昆虫じゃないって聞いたことがあるよ。
- T え？昆虫じゃないの？
- C 他にも昆虫じゃない生き物いるよ！
- T よく見つけたね～。カブトムシやテントウムシは，体が3つに分かれていないけど？
- C カブトムシって，体，本当に3つに分かれているの……？

POINT
　本物の昆虫の標本の中には，足の本数は見分けがつきやすいですが，体が3つに分かれていることを認識するのは難しい生き物がいます。このことについては自力解決することは難しいでしょう。思い切って教えることも必要です。「カブトムシは昆虫です。昆虫は頭部・胸部・腹部の3つの部分に分かれています。どこが頭部でしょうか？」といった問いかけをして，議論をしてもおもしろいかもしれません。

まとめ　昆虫の体は，頭・胸・腹の3つの部分に分かれていて，足が3対の6本ある。

ココにこだわる！　観察対象を集める

　大量の昆虫標本を学校が維持管理することは，非常に難しいですが，こういったときこそ博物館の力を借りましょう。昆虫の標本を貸し出してくれる館や，昆虫の標本を展示している館など，博物館によって違いはありますが，博物館は宝の山です。
　また，最近では昆虫をプラスチック樹脂で封入した標本が販売されています。この標本を上手に使ったり，自分が集めた昆虫で標本づくりをしてもよいかも知れません。生きている昆虫にこだわることなく，観察対象物を用意すると，子ども達は喜ぶでしょう。

〈実践者：古市　博之・佐野　雄一〉

❷ 豆電球にあかりをつけよう

（3年）

⏱ TIME：7時間

> 👉 つけたい力と学びのポイント

乾電池に豆電球などをつなぎ，電気を通すつなぎ方や電気を通すものを調べ，電気の回路についての考えをもつことができるようにする。

☑ 電気を通すつなぎ方と通さないつなぎ方があること。
☑ 電気を通すものと通さないものがあること。

この単元の全体像

初めの観察実験「懐中電灯を分解しよう」（1時間）
↓
✎ 学習課題❶「乾電池をどのようにつなげたら，豆電球にあかりがつくのか調べよう」（2時間）

✎ 学習課題❷-1「どんなものでも電気を通すのか調べよう」（2時間）
↓
✎ 学習課題❷-2「金物の塗料やさびを取ると電気は流れるのか調べよう」（2時間）

STEP 1　初めの観察実験

懐中電灯を分解しよう

準備しておく教材・教具
☐ 懐中電灯　※単三電池1本でつく懐中電灯がよい。

🄲 ついた！明るいね！
🅃 中身はどんなものでできていると思う？
🄲 電球（LED）……乾電池……コード（導線）
🅃 分解してみて，気がついたことがあれば発表してください。
🄲 スイッチがあります。
🄲 導線がなかったよ。

3年　豆電球にあかりをつけよう

STEP2　問題把握

- □ どうしたら豆電球にあかりがつくのだろう
- □ 導線が切れても電気はつくのか
- □ ほかの乾電池でも同じようにつなげることができるのか
- □ どのような構造なのだろう
- □ スイッチを押すとなぜつくのか
- □ どうして導線がなくてもあかりはつくのか
- □ どのようなものでできているのだろう
- □ もっと明るくしたい

→ どうつなげたら，豆電球にあかりがつくのか
  ▶ 学習課題❶

→ どんなものが電気を通すのか
  ▶ 学習課題❷-1

▶ 4年生の学習

POINT
「電池の中身を調べたい」といった，ねらっていない問題意識をもった子ども達へは，「電池の学習は中学校3年生で学ぶから，その疑問は取っておこうね」と学習の期待をとっておくか，「○○図鑑に載っているから，それを調べるといいよ」と言って，学習意欲を高めて終えるとよいでしょう。

ココにこだわる！　疑問を先につなげる

電気に関わる単元は，小学校4年間で毎年扱い，中学校にも続きます。4年生では，乾電池の直列つなぎや並列つなぎ，充電池を学ぶことになります。電磁石については5年生，電気のエネルギー変換は6年生で学びます。子ども達に想いをもたせる段階で，意図しない想いをもつ子どもがいても，系統性を無視して学習はできません。その場合，まず子どもを褒めて「後で学習するからもうちょっと待ってね……」といって，次への学習を期待させる話をします。そのためにも，小学校4年間の理科はもちろん，中学校3年間や，生活科などのカリキュラムも頭に入れておいて，子ども達と話をしていくことが大切です。

学習課題❶ 乾電池をどのようにつなげたら，豆電球にあかりがつくのか調べよう

準備しておく教材・教具
□豆電球　□ソケット　□導線

STEP3　見通し（予想と観察実験の方法）

乾電池をつかえば，あかりがつく。

ソケットなしでも，あかりはつくかも。

POINT
体験を重視し，言語活動に力を入れすぎないことがポイントです。3年生という段階では，無理に予想を立てさせることに力を注ぐよりも，できるだけ多く実験の時間を確保し，実際に豆電球がついたという感動を多く味あわせた方が子ども達は喜ぶでしょう。

STEP4　追究する観察実験

結果を見つけられる子と見つけられない子の差が出やすい実験です。ソケットの閉め忘れによってあかりがつかない子も大勢います。机間指導をしながら，豆電球をソケットにしっかりつけているのか確認しましょう。気がつかない子がいたら，その都度「あれ，ついた子とつかない子がいるね」と言って気づきをうながし，時間がかかるようであるならばヒントを出すか，全体指導で，ソケットの奥まで豆電球をしめましょうと指導しましょう。

学習進度に差が出た場合は，一旦実験を終了し，考えを共有化させた後に，もう一度，確認実験を行うことも想定に入れておきましょう。また，この場面で，ショート回路についても触れておくとよいでしょう。

3年　豆電球にあかりをつけよう

STEP5　結果の集約と考えの共有化（コンセンサス）

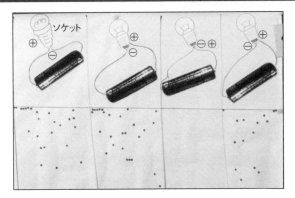

- T みんな，たくさんの方法を見つけたね！
- C ソケットから出ている導線を乾電池の＋極と－極につけると豆電球のあかりはつきます。
- T ソケットを使っている人で，別のつなぎ方をする人はいませんか？
- C ＋極と－極が反対でもつきます。
- T ソケットを使わなかった人はいる？
- C 出っ張っている所を，＋極につけて，導線をねじの所に巻き付け，導線の反対側を－極につけるとつきます。
- T おお，大発見！すごいね。あとはどう？どうするとつかないのかという発表でもいいよ。
- C 導線と導線を中でつなぐとつかなかった。
- T おお！大発見だ！

まとめ 乾電池の＋極と豆電球のへその間に導線をつなぎ，豆電球の金具から乾電池の－極の間に導線を，輪になるようにつなぐと，豆電球は光る。豆電球と乾電池を直接つないでも豆電球は光る。

ココにこだわる！ 子どもの思考に寄り添う

　子ども達は，この場面において，多様な学びをします。ショート回路はもちろん，「電池が縦向きと横向きでは結果が違うのではないか」と考える子や「導線の長さによって結果が変わるのではないか」と考える子もいます。そして，子ども自身が自分の思いをうまく言語化できずに，悩むこともあります。子どもの見取りによって授業は変わります。子どもの考えを上手に拾い上げ，学級全体に返していくことで，より深い問題解決につながるでしょう。

学習課題❷-1 どんなものでも電気を通すのか調べよう

準備しておく教材・教具
□電気チェッカー　□電気の通じないもの　□電気の通じるもの　□針金（銅・アルミニウム・鉄）

POINT
　この場面では，身近な「もの」から，「素材」として見ることのできる視点を育てたい。電気が通じるものを「はさみ」「空き缶」といったものの名前で答える子と，「鉄」「銅」と言った素材の名前で答える子がいます。ここで，「もの」と「素材」の違いに目を向けさせるための準備をしておきます。今回は3種類の素材でできた針金を用意しました。素材の違いを先に教えておきます。そうすると，予想の段階で，子ども達の考えが「金属は電気を通す」「はさみの鉄の部分は電気を通す」などと変わってくるでしょう。

STEP3　見通し（予想と観察実験の方法）

> 鉄でできているものが電気を通すと思います。なぜなら，鉄をさわったときにびりっとしたことがあるから。

POINT
　鉄は電気を通すと，学習前から多くの子が知っていることでしょう。そういった実態を無視して，そのまま予想を立てさせると，知識をもっている子が活躍してしまう構造ができます。そんな場合は，「鉄ってなんですか」と問い返すことにしています。そうすることで知識を発表するだけの予想から一歩前進します。

STEP4　追究する観察実験

　理科室にある様々なものを自作の電気チェッカーを使って，電気を通すものと電気を通さないものとに分類する実験を1人1人が行います。
　「はさみ」のような素材の違うものは2つに分かれやすいでしょう。空き缶などの塗料が塗られているものも2つに分かれた集約表になるでしょう。

3年　豆電球にあかりをつけよう

STEP5　結果の集約と考えの共有化（コンセンサス）

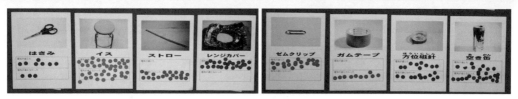

- T では，みんなでこの結果をどう読み取ればよいか考えましょう。
- C キラキラしているしているものは電気を通します。
- T なんでハサミの結果が分かれているんだと思う？
- C きっと，持ち手の所はプラスチックで，電気を通さないからだと思います。
- T なるほど「素材」によって，電気が流れるか，流れないのか変わるんだね。なんでゴムは電気が流れないの？
- C ゴムは金属じゃなからです。
- T なるほど。でも，アルミ缶は金属でできているのに電気を通さないよ？
- C きっと電気を通さない膜があるのだと思います。

POINT
　学習問題の設定の仕方次第では，実験を１回行っただけでは課題達成することができないことがあります。そのさじ加減は，授業者で決めるものです。この授業の場合，塗料の膜やさびのついた鉄球などを追究し，上記のような仮説まで立てることができるでしょう。その仮説が立てられた場合，「では，次回，やすりをもってくるから，削ってみようね」といって授業を閉めて，次の学習につなぐと，子ども達の意欲がさらに高まるでしょう。

まとめ 鉄や銅，アルミニウムなどの金属のキラキラしている部分が電気を通す。

ココにこだわる！　安全面を確保する

　この実践を行うと，子ども達は生き生きと取り組みます。しかし，夢中になるあまり，電気チェッカーをコンセントの中に入れようとした子どもがいました。気がついて，止めたため事なきを得ましたが，改めて，子ども達が主体的に動く活動を保障する場合，安全面を確保することの大切さを痛感しました。このような場合，先に注意をしておくか，コンセントなどの危ない場所は調べられないようにガムテープ等を貼っておくとよいでしょう。主体的に活動する子ども達の姿をイメージすることで安全面を確保して下さい。

〈実践者：古市　博之・今井　将〉

③ ものの重さ

3年

TIME：8時間

つけたい力と学びのポイント

ねんどなどを使い，ものの重さや体積を調べ，ものの性質についての考えをもつことができるようにする。

- ☑ ものは，形が変わっても重さは変わらないこと。
- ☑ ものは，体積が同じでも重さは違うことがあること。

この単元の全体像

初めの観察実験「おもちゃの新幹線の重さをはかってみよう」（1時間）

↓

📝 学習課題❶-1「形が変わると重さは変わるのか調べよう」（2時間）

↓

📝 学習課題❶-2「バラバラにすると重さは変わるのか調べよう」（2時間）

📝 学習課題❷-1「大きさによって重さは変わるのか調べよう」（2時間）

↓

📝 学習課題❷-2「大きさは同じでも素材が違うと重さは違うのか調べよう」（1時間）

STEP1 初めの観察実験

おもちゃの新幹線の重さをはかってみよう

準備しておく教材・教具
□ 様々な新幹線のおもちゃ

🅣 どれが一番重たいかなぁ？

🅒 大きい新幹線だと思います。

🅒 いや，その新幹線は布でできているから，軽いと思うよ？

🅣 あれ？同じ新幹線だけどなぁ。これはどうだろう？小さいよ！

🅒 その新幹線は，金属でできているから，きっと重いよ！

POINT

　この提示には演出が必要です。形の変化も意識させますが，素材の違いに着目することも大切でしょう。また，体積が減ることで軽くなったり，重くなったりするような錯覚をもたせるように話しかけることで，「数値」に着目させるとよいでしょう。

STEP2 問題把握

- □ ねんどの形を変えて調べたい
- □ ねんどをばらばらにして調べたい
- □ ねんど以外のもので調べたい
- □ ねんどの形を変えると，重さが変わるのか調べよう
- □ 米粒より小さくしたねんどにも重さはあるのかな
- □ ドンドン小さくしていったら重さはなくなるのかな

→ 形が変わると重さが変わるのか
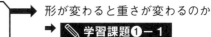 学習課題❶－1

- □ 色々なものの重さをはかりたい
- □ 身の回りのものの重さをはかりたい
- □ 同じ大きさでも重さが違うのか調べたい

→ 大きさによって重さは変わるのか
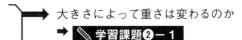 学習課題❷－1

POINT

この単元では2つのことを学びます。「ものの形を変えても重さは変わらないこと」と「比重」です。「形が変わる」ためには，形を変えやすい教材を利用しますが，何を使うかについては，議論をさせたいところです。

3年生にとって一番扱いやすい素材はねんどです。ねんどを基本として授業を組み立てるとよいでしょう。子ども達に比重の視点をもたせるところまでを，1回の実験でたどり着くのは難しいです。色々なものの重さを量ることで，大きさだけが重さに関係しているわけではないことを実感することで，比重の学習に向かいたいです。その見通しをもった上で，疑問を仕分けしたいですね。

ココにこだわる！ 疑問を先につなげる

算数でも，重さの学習があります。算数か先が，理科が先か？という議論をしたことがあります。どちらを先にしても，言い分があるように思います。授業者は学習者の実態によって，計画を立てることが大切と考えています。

子ども達に体験的に学ばせるのであれば，理科的な疑問をもたせ，実験を通すことで活動的な授業になるでしょう。その場合は，適宜算数的な指導を合間にはさむ必要があります。1年間の指導を見通すことで，子ども達の学びにゆとりが生まれ，じっくりと活動をさせることができるでしょう。

学習課題❶-1 形が変わると重さは変わるのか調べよう

準備しておく教材・教具
□ 1kgばかり　□ ねんど

POINT
最近の電子ばかりの価格は安くなっています。この実験では，精巧な機器を使うことはありません。できるだけ，1人1実験ができる環境が整うとよいでしょう。子ども達が思い思いに，ねんどを曲げたり，伸ばしたりして実験することに意義があります。

STEP3　見通し（予想と観察実験の方法）

形を変えても，重さは変わらないと思います。

ぎゅっと圧縮すると重たくなると思います。

POINT
この場面でも，「ぎゅっと握ると，どうなると思う？」と演出を入れながら提示をするとよいでしょう。子ども達は，一瞬，もしかしたら重たくなるかもしれない？と錯覚します。単元が始まったばかりなので，迷わせながら思考させると，より深い学びができるでしょう。

STEP4　追究する観察実験

子ども達に，ねんどとはかりをあたえるだけで，一生懸命，ねんどの形を変えてははかりにのせ，重さが変わらないことを確認します。大人は，結果が変わらないことを知っているので，つい，次の実験へ行きたくなってしまいますが，子ども達のペースは，もっとゆっくりで，納得いくまでねんどをいじっています。こういった時間を十分にとることが，子ども達の学びを深めます。

3年　ものの重さ

STEP5　結果の集約と考えの共有化（コンセンサス）

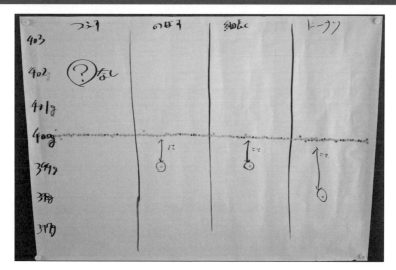

T 結果はどうなりましたか？
C 減りました。
T ほとんどの子が，変わっていないけど，本当にそうなの？
C 先生，ここにねんどが落ちています。
　もしかしたら，このねんどは減った分のねんどかもしれません。
T みなさんはどう思いますか？
C 賛成！形を変えても重さは変わらないと思います。

まとめ 物の形は変わっても重さは変わらない。

ココにこだわる！ あえて確認をする

　今回の実験は，予想の段階である程度答えが出ていることでしょう。その上で，観察実験を行うことも大切です。子ども達は「やっぱり」「予想通りだね」といった声を漏らしますが，そこで「みんな，自信がついたね」と褒めてあげましょう。予想が難しい問題を解いていくだけではなく，予想しやすい問題に自信をもって取り組ませることも時には必要だと考えています。

学習課題❷-2 大きさは同じでも素材が違うと重さは違うのか調べよう

準備しておく教材・教具

□同じ大きさのカップ　□小麦粉　□砂糖　□食塩

> **POINT**
> 違う素材だが同じ大きさでできている実験器具がありますが，もっと安価で大量に作れる方法が，この教材です。子ども達1人1人，できればグループで1つずつあれば，手に取って重さを感じることができるでしょう。

STEP3　見通し（予想と観察実験の方法）

綿のように大きくても軽いものもあれば，鉄のように小さくても重いものがあるから，違うと思います。

素材が違えば，同じ大きさでもずっしりするものと，ふわふわなものがあります。

STEP4　追究する観察実験

　今回の授業も，実験を開始する前から，結果が予想しやすいものとなっています。単元の初めのころは演出を入れると迷わされていた子ども達は，終盤になってくると，もう迷いません。素材によって，重さは違うことを予想します。ここまでくると演出はいらないでしょう。褒めて，さっそく実験に入ったほうが，子ども達はついてきます。

3年　ものの重さ

STEP5　結果の集約と考えの共有化（コンセンサス）

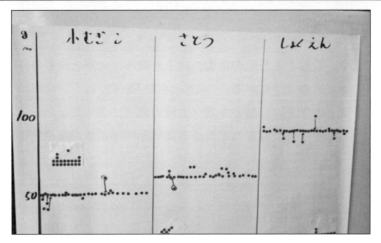

🅣 結果を発表しましょう。
🅒 予想通り，大きさが同じでも重さは違っていました。
🅣 ずれている子もいるけど？
🅒 これは，誤差だと思います。
🅒 中に入っている量が，少しだけ違うのかもしれません。
🅒 はかりの真ん中に乗せないと，ちょっと重さが変わるみたいだよ！
🅒 これは，誤差だね。

> **POINT**
> 子ども達に議論させながら考察を引き出せるとよいでしょう。

まとめ　素材によって，同じ大きさでも重さが違う。

> **ココにこだわる！　身近な素材を使う**
>
> 　教室の中には，色々なものが存在します。ボール，縄跳び，ランドセル……。はかったものから重さの順番に並べてみてもよいでしょう。複数の種類のはかりを準備することができれば，消しゴムや鉛筆などもはかり，体験の幅が広がることで，より実感の伴った理解につながるでしょう。

〈実践者：古市　博之〉

3年 4 太陽と地面の様子

⏱ TIME：7時間

👉 つけたい力と学びのポイント

　日陰の位置の変化や，日なたと日陰の地面の様子を調べ，太陽と地面の様子との関係についての考えをもつことができるようにする。

☑ 日陰は太陽の光を遮るとでき，日陰の位置は太陽の動きによって変わること。
☑ 地面は太陽によって暖められ，日なたと日陰では地面の暖かさや湿り気に違いがあること。

この単元の全体像

初めの観察実験「朝と昼にＡ地点の土を調べてみよう」（1時間）
↓
✏ 学習課題❶-1「かげの向きはどのように変化するのか調べよう」（2時間）
↓
✏ 学習課題❶-2「太陽の高さはどのように変化しているのか調べよう」（2時間）

✏ 学習課題❷「日陰から日なたになったときの土の変化を調べよう」（2時間）

STEP1　初めの観察実験

朝と昼にＡ地点の土を調べてみよう

準備しておく教材・教具
□温度計

🅣 この写真，どこだかわかるかな？
🅒 運動場だ！
🅣 そう，運動場の端にある木のそばです。
　　そこへ行って，地面の温度を測ってみますよ！

> **POINT**
> 　Ａ地点とは，朝は日陰で，昼は日なたになっている場所です。ここの土は，朝の温度が低く，湿っている土と，昼の太陽の光が当たることで温度が上がり，乾いた土になります。夜露が降りる場所を選んで実施しました。時間によって環境が変わるスポットを見つけておくのが大切です。

3年　太陽と地面の様子

STEP2　問題把握

- かげの向きはどうして変わるのかな
- 太陽の動き方を調べたい
- 時間がたつとどうなるか調べたい
- 太陽とかげの関係を調べたい
- かげの向きや長さが変わるのか調べたい

→ かげの向きは変わるのか
→ 学習課題①－1

- どうして土の温度や湿り気が変化したのかな
- 水たまりがなくなったことと太陽は関係あるのか

→ 日陰と日なたの違い
→ 学習課題②

POINT

この単元では，大きく2つのことを学ばせます。（1）かげを視点にして太陽の動きを理解することと，（2）それに伴って地面の様子の変化も理解させることです。身近な場所で，小さな変化を見つけることで子ども達の学びを引き出したいと考えています。

ココにこだわる！　実験器具のおさえ方

この単元では，とても重要な器具の使い方を学びます。「温度計」と「方位磁針」です。この器具の使い方を別の時間にとって，使い方を1人1人が理解できるようにしてもよいでしょう。3年生のこの時期だからこそ，実験器具の説明を大切にし，その次からの単元で，使う機会を保証しながら学習を進めることで，しっかりと習得できると考えます。これらの道具を身近に置いておき，日々の活動や校外学習などでも，ことある度に温度や方位に意識を向ける習慣を付けてもよいのではないでしょうか？

学習課題❶-1 かげの向きはどのように変化するのか調べよう

準備しておく教材・教具
□20cmの棒　□チョーク　□方位磁針　□記録シート

POINT
あまり長くない棒を準備しました。これは，かげの長さよりも，向きに着目させるためです。

STEP3　見通し（予想と観察実験の方法）

かげは形を変えながら動くと思います。

動きます。でも，動かないのは，ゆっくり動くからです。

POINT
この時間では，太陽とかげの関係とかげはゆっくり時間をかけて動くことをつかませたいと考えています。逆に次時に考えさせたい太陽の高度についても予想で出してしまうと，学習が複雑になってしまいます。今回で言うと「形を変える」「長さが変わる」といった予想にあたります。この予想については，おおざっぱに「動く」という言葉でくくって考えさせた方がよいでしょう。その上で，学習をし，次への時間へつなげるのです。

STEP4　追究する観察実験

記録用紙を引き，方位磁針によって東西南北を合わせます。そのうえで，かげの位置を記録します。

方位磁針の使い方はなかなか身に付いていかないものです。繰り返し練習する必要があります。

3年　太陽と地面の様子

STEP5　結果の集約と考えの共有化（コンセンサス）

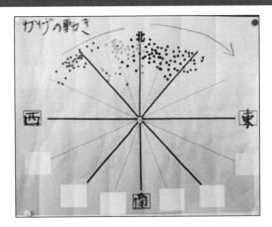

- T どのような実験結果になりましたか？
- C 時間と共にかげは移動しました。
- T どのように移動しましたか？
- C かげはだんだん西から東へ移動します。
- T 他に分かったことはありませんか？
- C 最後の観察のときに，分かったことですけど，かげがとても長くなっていました。

> **POINT**
> 　次時の学習につなげるために，学習後，なぜかげの長さが変わるのだろう？ということをしっかり考えさせておく必要があります。次時の予想の中で，太陽の高さが変化するという予想があらかじめ立っているところからスタートできるように，学習を閉じておくと，次の学習はスタートしやすくなります。

まとめ かげは，太陽の動きと共に西から東へ移動する。

ココにこだわる！ 実感の伴った理解

　この学習をする前にかげが動くことを，子ども達は知識として知っているでしょう。しかし，棒を立ててかげを観察すると，かげがゆっくりとですが動きます。子ども達は，ゆっくりと動くかげを見て「先生！動いたよ！」と先ほど予想していたことを全て忘れて，声をかけてくれます。知識として知っている理解から「実感の伴った理解」へ変わった瞬間です。実は，目に見えて分かるほど太陽は速く動いています。空には比較するものがないから，動いてないように見えるのです。

学習課題❶-2　太陽の高さはどのように変化しているのか調べよう

準備しておく教材・教具
□ 1mの棒　□洗濯バサミ　□記録シート

STEP3　見通し（予想と観察実験の方法）

だんだん高くなります。

12時を過ぎると、太陽は下がっていきます。

POINT
太陽の高さの変化を観察で導くのは難しいので、今回は観察する道具を提示することにしました。もちろんじっくり考えさせた上で取り組ませる必要があります。

STEP4　追究する観察実験

棒を縁の上に立て、円の中心を通るように置きます。棒に洗濯バサミをはさみ、円の中心に当たるところに洗濯バサミを挟みます。
棒の下から洗濯バサミまでの距離が太陽の高さに当たります。

POINT
道具の提示は、教師が行います。これを使えば、太陽の高さがわかります。といって、具体的な説明をせずに提示をしました。

3年　太陽と地面の様子

STEP5　結果の集約と考えの共有化（コンセンサス）

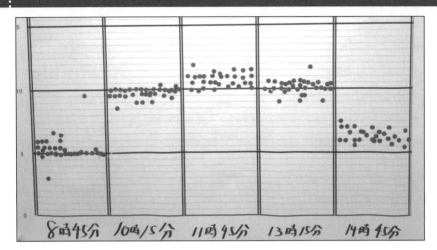

- T　実験結果からわかることを発表しましょう。
- C　時間と共に，太陽の高さは高くなります。
- T　他に？
- C　12時頃を境に，だんだん太陽の高さは低くなっていきます。

まとめ　太陽は，段々高くなり12時頃に一番高くなって，段々低くなる。

ココにこだわる！　太陽の高さに目を向ける

　教科書では，この学習のまとめとして「太陽は東の方からのぼり，南の高い空を通って西の方へ沈む」とまとめてあります。教科書では太陽の高度についてはあいまいになっています。遮光板を使った目測はできますが，正確な結果は期待できません。ここに，教える難しさが隠れています。高度を教えることは，角度について学んでいない3年生では難しいのです。しかし，東から南を通って西に動くという表現だけでは，太陽の動きを示したとは言えません。

　今回，かげの長さが変わったことにこだわって，見通しで，実験器具についてずいぶん考えました。答えは分かっているのに，どうすれば納得する実験ができるのか考えましたが，3年生が答えを出すことは難しいでしょう。問題解決型の学習ではそういった側面からも支援をする必要があります。

〈実践者：古市　博之〉

5 ものの温まり方

⏱ TIME：7時間

> 📢 つけたい力と学びのポイント

　金属を温めたり冷やしたりして，それらの変化の様子を調べ，金属の性質についての考えをもつことができるようにする。

☑ 金属は，温めたり冷やしたりすると，その体積が変わること。
☑ 金属は熱せられた部分から順に温まる。

この単元の全体像

初めの観察実験「2種類の金属の棒をアルコールランプで温め，その様子を観察しよう」（1時間）
↓
✏ 学習課題❶-1「金属を温めるとどのような順に温まるのか調べよう」（2時間）
↓
✏ 学習課題❶-2「水は金属と比べて温まり方に違いがあるのか調べよう」（2時間）
↓
✏ 学習課題❶-3「空気は水や金属と比べてどのように温まるのか調べよう」（2時間）

STEP1　初めの観察実験

2種類の金属の棒をアルコールランプで温め，その様子を観察しよう

準備しておく教材・教具
□ 2種類の金属をつないだ棒　□ アルコールランプ　□ スタンド

POINT
　斜めに設置します。上のほうが，早く熱が伝わるかもしれないという考えを引き出すための提示です。

🅣 まず，違う素材の棒がつながっています。アルミニウムを上側に，鉄を下側につけます。この連結部分を温めると……どちらが早く温まっていくでしょうか？

🅒 上のほうへ熱は伝わりやすいから，アルミニウムのほうが早いと思います。

🅒 アルミニウムより鉄のほうが早く熱が伝わると思います。

🅣 じゃあ，やってみましょう。

4年　ものの温まり方

STEP2　問題把握

□金属を温めるとどのような順に温まっていくのか
□熱は高い方へ温まりやすいのか
□金属の種類によって温まり方が違うのか
□アルミニウムの棒の形を変えて調べたい
□水の温まり方はどうなのか
□空気の温まり方はどうなのか

　→ ものはどのように温まるのか
　➡ 学習課題①-1

POINT

「他の物でも試したい」という発言を子ども達は言ってくるでしょう。そういった中から，空気や水を引き出すことができると，子ども達の想いと学習の系統性が担保されます。

ココにこだわる！ 次につながる提示の仕方

この単元では，金属と水や空気の温まり方の違いに目を向けさせたい単元です。金属はどのような形をしていても，つながっている部分から温まり，水や空気は上から温まります。

上から温まるのかな？と迷わせるような最初の提示にすることで，後の学習の布石となってきます。

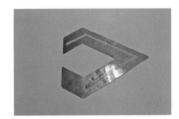

学習課題①-1の実験器具

学習課題①-2の実験器具　　　学習課題①-3の実験器具

学習課題❶-1 金属を温めるとどのような順に温まるのか調べよう

準備しておく教材・教具
□示温テープをはった金属の棒（鉄・銅・アルミニウム）　□アルコールランプ　□スタンド

STEP3　見通し（予想と観察実験の方法）

素材によって伝わり方は違うと思います。

上への伝わり方は速くなると思います。

POINT

3年生の電気と磁石の単元のときに，素材によって実験結果が違うことを学びます。このことが布石となっていれば，素材によって結果が違うかもしれないので，他の素材についても確かめたいと考えるし，素材によって結果が違ってくるという予想も出てくるでしょう。

STEP4　追究する観察実験

アルコールランプの炎で熱すると熱は伝わっていきます。実験道具の設置を，角度を変えて設定します。さらに3種類の素材を実験しました。子ども達はその結果を比較し，結果を導くでしょう。

POINT

水の学習のときに，熱し方にかかわる設定があります。角度は20度，アルコールランプまでの距離は4.5cmといった条件で熱します。この単元は，同じ設定にして子ども達に取り組ませるとよいでしょう。

4年　ものの温まり方

STEP5 結果の集約と考えの共有化（コンセンサス）

- T 結果から分かったことを発表しましょう。
- C 高さを変えて，設置しましたが，左右の温まり方は変わりませんでした。
- T そこから分かったことは？
- C 今回の実験では，高さは関係ありませんでした。
- T 他に分かったことはありますか？
- C 鉄のほうが，アルミニウムより早く温まりました。

> **POINT**
> 　今回の実験は，2つの学びをねらった実験となっています。この2つの学びを整理しながら子ども達から引き出せるよう，教師が働きかけをする必要があります。

まとめ　金属は，熱源の近くから熱が伝わる。
　　　　　金属の素材によって，熱が伝わる速さは違う。

ココにこだわる！ 思考力を鍛える①

　棒は，何種類もあるとよいでしょう。長さや素材も複数種類あると，子ども達の考えは深まります。棒の形を変えたものや鉄板などの身の回りにある物を学習のまとめに提示して，様々な実験にチャレンジできるとよいでしょう。予算面のことがあるので，各班にあるとよいですが，1本の教材を複数の班で使い回してもよいかもしれません。ホームセンターの資材を探しながら，アイデアを膨らませることができるとよいでしょう。

学習課題❶-2 水は金属と比べて温まり方に違いがあるのか調べよう

準備しておく教材・教具
□ロング試験管　□示温テープをはったプラ板の棒　□アルコールランプ　□スタンド

POINT

ロング試験管は，プラ板に貼った示温テープの間隔ができるだけ長いほうがよいと考え準備したものです。普通の試験管でも十分できますが，7か所の示温テープを貼ることにこだわったものです。

STEP3　見通し（予想と観察実験の方法）

お風呂では，上から温まるから，上から温まると思います。

うちのお風呂は，上から温まらないよ？暖かいのも熱しているところから温まると思います。

STEP4　追究する観察実験

熱する場所を試験管の真ん中にして，上に温まるのか，下に温まるのか，試験管の上から温まるのか，予想の上，実験を始めます。

子ども達は，しっかり予想をして，結果を見守ることでしょう。実験が始まれば3分で答えが出る実験です。

4年　ものの温まり方

STEP5　結果の集約と考えの共有化（コンセンサス）

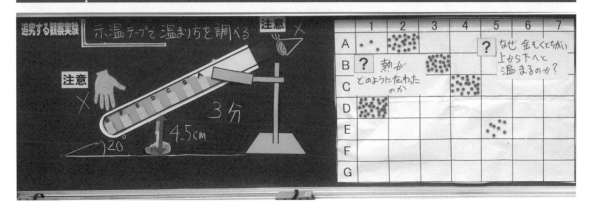

- Ⓣ 結果から分かったことを発表しましょう。
- Ⓒ 最初に示温テープの色が変わったのは，熱源でしたが，次は試験管の上からでした。
- Ⓒ 水の場合，上から温まっていくと分かりました。

まとめ 水は金属とは違い，上から温まる。

ココにこだわる！　実験器具の設定

　普通の試験管ではなく，長い試験管をつかうことで，温まり方に変化が読み取りやすくなることが分かってきました。アルコールランプと試験管の距離も4.5cmに設定しました。炎のゆれが隣の示温テープに影響しないようにするためです。また，試験管の角度も20度がベストと考えました。炎の当たり方と，上から温まるように結果が見られるようにするための工夫です。子ども達には，「この角度で設定すると安全だよ」といった指示として，実験を行わせます。子ども達の想いと教師の指示のバランスをとりつつ，明確な実験結果が出せるようにすることも大切な支援となります。

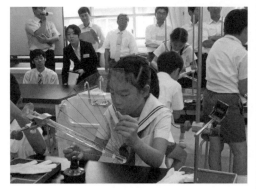

〈実践者：尾形　卓也・今井　将〉

6 月の動き

⏱ TIME：4時間

> 📢 つけたい力と学びのポイント

月を観察し，月の位置を調べ，月の特徴や動きについての考えをもつことができるようにする。

☑ 月は日によって形が変わって見え，1日のうちでも時刻によって位置が変わること。

この単元の全体像

初めの観察実験「朝，西の空に見える月を見て，位置や高さを記録してみよう」（1時間）
  ↓
✎ 学習課題❶－1「月も太陽と同じように動くのか調べよう」（1時間）
  ↓
✎ 学習課題❶－2「昨日と同じ位置に月があるのか調べよう」（2時間）

STEP 1 初めの観察実験

朝，西の空に見える月を見て，位置や高さを記録してみよう

準備しておく教材・教具
□ 学校から見える月の写真

🅣 月はいつ見えるものですか？
🅒 夜です。
🅒 朝や夕方も見える時があるよ。
🅣 実はこの写真，先月の朝の9時ごろに撮った写真です。

STEP2 問題把握

- □ 月も太陽と同じように動くのか調べよう
- □ 月にはどんな形があるのか調べよう
- □ 月を時間ごとに観察したい
- □ 月を毎日観察したい
- □ 月の形は変わるのか調べたい
- □ 月と星の違いを調べたい
- □ 月の大きさを調べたい
- □ 月の表面を見てみたい

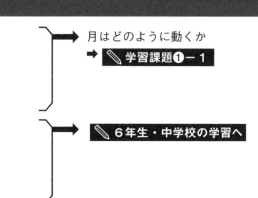

POINT

　月の学習は，6年生で再び学びます。天体はその後，中学3年生で学びますが，その時に月は学習の対象にはなりません。ここでは，6年生で学ぶ内容と中3で学ぶ内容を精査する必要があります。また，天体に関する興味関心は子ども達の実態によって大きく違います。すでに中3レベルの内容を十分に熟知している子もいれば，まったく興味のない子も存在します。その中で，同じ土俵で学習をつくり上げていくのが教師の腕となります。

ココにこだわる！ 時間の調整

　本物の月を見せることで，子ども達の追究意欲は変わっていきます。しかし，月の場合は，タイミングが大事です。筆者は朝がお薦めです。西の空に月が見える時が，月に1回のタイミングで訪れます。でも，雨が降ると次の月までその日は来ません。余裕をもって，チャンスをうかがえるとよいですが，そのタイミングが合えば，子ども達の学びは深いものになります。

学習課題❶-1 月も太陽と同じように動くのか調べよう

STEP3 見通し（予想と観察実験の方法）

同じように動きます。

太陽とは位置が違いますが，ほとんど同じように動きます。

POINT
初めの観察実験のあとに，予想まで前時のうちにやっておくと，スムーズに観察ができるでしょう。授業が始まったら，すぐに観察にいきます。

STEP4 追究する観察実験

月の位置を目測するために，隣の建物から拳で計測します。誤差が出やすい観察方法ですが，観察するポイント，基準とする建物を決めておけばそれほど大きな誤差はできずに記録できます。

教室に戻り，集約表にシールを貼ってから，さらに予想を確認します。3年生のときに学んだ太陽の動きをじっくりと思い出させます。そして，1時間経てばある程度動くことを確認します。

POINT
空間の動きをイメージすることは，子ども達にとって難しいことですが，3年生の太陽と4年生の星の動きを系統立てて学習することで，理解を深めましょう。
太陽と同じように動くのか？という課題に対して具体的に「①真下に動く②右に動く③斜めに動く」といった選択肢を出して予想をするとよいかもしれません。

STEP5 結果の集約と考えの共有化（コンセンサス）

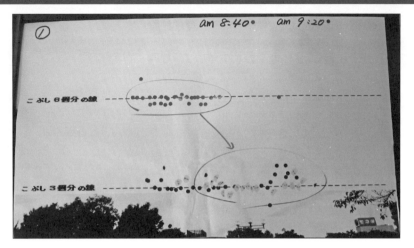

- T 結果はどうだった？
- C こぶし6個分から，3個分のところまで降りてきました。
- C 少し右の方に動きました。
- T 太陽の動きと比べてどうだろう？
- C よく似ていると思います。

> **POINT**
> 　太陽のように，何時間もかけて動きを追うことができません。動きの一部で，判断をしなければいけません。ここから先は，映像資料等で補足をするとよいでしょう。

まとめ 月は太陽と同じような動きをする。

ココにこだわる！ 授業時間に月を観察する理由

　空間の概念は捉えにくいものですが，本物の月を毎日数分でよいので観察を続けることで，難しい教材を使うことよりも実感を伴った理解につながると考えています。

　様々な調査で，天体の学習の習熟できないことがわかっています。これはなかなか授業で天体を観察できないから，という単純な理由が一番大きいと思います。本物を観ることができないので，授業で観察することもごく限られると考えられます。月の見えやすい時期を調べ，見通しをもって時間を設定をし，授業時間内に本物の月の観察をしてみてはいかがでしょう。

学習課題❶-2 昨日と同じ位置に月があるのか調べよう

STEP3　見通し（予想と観察実験の方法）

だんだん太陽に近づい
ていくと思います。

違うと思います。

POINT

観察の時間の確保のためにも，予想に時間をかけずに，簡単に確認をした後，すぐに観察をするとよいでしょう。

STEP4　追究する観察実験

朝の観察をするのは1回だけではもったいないです。2回目，3回目と続きの日程で取ることができるとよいでしょう。1日に約12度ずつ移動しますが，段々太陽に近づいていきます。子ども達からそういった予想が出てくるまで続けられるとよいでしょう。

POINT

「○○ビルの上，拳3個分」といった具合に，昨日見えた場所をしっかり確認をしてから観察をさせましょう。集約表へのシールも曖昧に貼ってしまうことがあります。観察中やシールを貼る前に，昨日はどこにあった？と声をかけて，具体的な場所を確認するとよいでしょう。

4年　月の動き

STEP5　結果の集約と考えの共有化（コンセンサス）

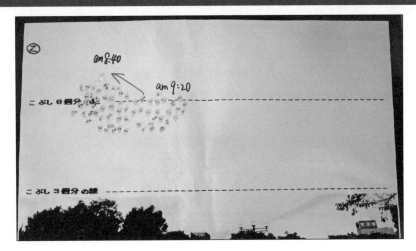

※ 8時40分の観察の後
- T 昨日と同じ所にあったかな？
- C 違いました。
- C もっと上の方で，左の方でした。

※ 9時20分の観察の後
- T 分かったことを発表しましょう。
- C 昨日と同じ場所に，昨日と同じ時間にはありませんでした。
- C 時間が経つと，昨日と同じ場所になりました。

まとめ　月は毎日少しずつ，遅れて同じ場所に移動する。

ココにこだわる！ プラネタリウムに行く前に

　星の学習と併せて，4年生でプラネタリウムに校外学習で出かけられるとよいですね。しかしその前に，ある程度理科の学習をしておくことで，プラネタリウムの雰囲気を楽しむのではなく，理解をしながらプラネタリウムの解説を聞けるとよいのではないでしょうか。

〈実践者：今井　将〉

7 体のつくりと運動

TIME：5時間

つけたい力と学びのポイント

人や他の動物の体の動きを観察したり資料を活用したりして，骨や筋肉の動きを調べ，人の体のつくりと運動とのかかわりについての考えをもつことができるようにする。

☑人の体には骨と筋肉があること。
☑人が体を動かすことができるのは，骨，筋肉の働きによること。
☑関節の働きを扱うものとする。

この単元の全体像

初めの観察実験「関節くんをひじにはめてものを口まで運んでみよう」（1時間）

学習課題❶「体にはどんな関節があるのか調べよう」（2時間）

学習課題❷「腕の曲げ伸ばしのときに筋肉は関係しているか調べよう」（2時間）

STEP 1　初めの観察実験

関節くんをひじにはめてものを口まで運んでみよう

準備しておく教材・教具
□関節くん

POINT
関節が動かないと，人は思ったように動けないことを体感させます。

🅣 関節くんをひじにはめてみましょう。
🅒 動きにくい！
🅣 これをはめて，ものを口に運ぶことができますか？
🅒 できません！
🅒 関節が曲がらないと大変です。

4年　体のつくりと運動

STEP2　問題把握

- かたやひじの関節はどんなつくりか
- どうして一方しか曲げることができないのか
- 体にはどんな関節があるのか
- ひじ以外の関節はどうなっているのか
- 人以外の動物の骨や関節はどうなっているのか
- 他の動物の骨や関節を見てみたい
- 関節の動きには筋肉と関係があるのか
- 筋肉と関節はどうかかわって動いているのか

→ どのような関節があるのか
 学習課題❶

→ 筋肉と関節の関係は
 学習課題❷

ココにこだわる！ 教具の開発

　何も準備しなくても，自分の体1つで授業ができるのが，この単元です。
- ものをもってみましょう。
- 走るところを観察しましょう。

　様々な導入が考えられます。しかし，4年生の子ども達に自分の骨格や筋肉を意識させることはなかなか難しくひと工夫が必要だと考えていました。その中で開発したのが，この「関節くん」です。

　ただ，作成するのが大変でした。1人1人に様々な関節で体験してもらうために，塩ビのパイプを40本…しかも，太さを変えて3種類，合計120本作成しました。この教具の製作者のこだわりは半端ないものですが，こういったこだわりの積み上げが理科の授業になっていくのだと思っています。

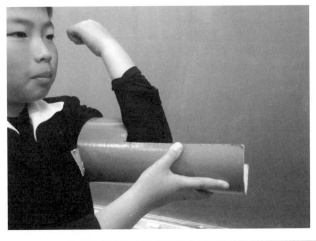

学習課題❶ 体にはどんな関節があるのか調べよう

準備しておく教材・教具
□ 骨格標本（腕・ひざ・腰・あご・首）

STEP3　見通し（予想と観察実験の方法）

ひじやひざは，片方に曲がる関節です。

首や腰は，180度回る関節です。

POINT
　関節には，大きく分けて3種類の関節があります。代表的なものは「ちょうつがい型」ですが，股関節のような「ボール型」と首のような「皿型」もあります。これらを働きによって見分けることは難しいですが，様々な動きをすることは，4年生においてもわかるでしょう。3種類に分類することで関節について考えが深まります。

STEP4　追究する観察実験

骨格標本の中から，予想でもった視点で観察をしていきます。実際の骨格を触りながら，「ちょうつがい型」「皿型」「ボール型」を見分けていきました。

POINT
　人の骨格をじっくり観察できるように学習環境をつくり上げておきます。調べ学習で済ませがちな単元ですが，骨格標本を集められるだけ集めて，実践をしました。本物の標本があってこそ，子ども達の学びはより深くなっていきます。

STEP5 結果の集約と考えの共有化（コンセンサス）

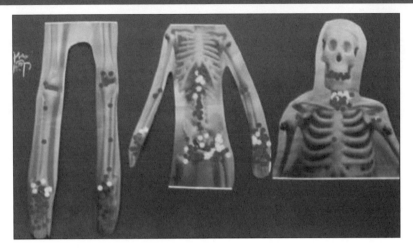

- T どこにどんな種類の関節がありましたか？
- C ちょうつがい型とボール型を見つけました。
- C 全身に様々な関節があることが分かりました。

まとめ 全身の様々な関節がそれぞれの働きをもっている。

ココにこだわる！ 人以外の骨格を準備する

　人の骨格学習の後で、他の動物と比較するとより学びに深まりが出てきます。ただ、人の骨格を集めることも大変ですが、動物の骨格を集めることはもっと大変です。そこで頼れるのが全国の博物館や動物園の貸出標本です。検索サイトで、「骨格・標本・貸し出し」と打つと、何件かヒットします。それぞれの館・園でもっている標本は違いますが、シマウマの頭骨やカエルの骨格標本など、様々な標本を無料（送料は負担）で貸し出してくれます。

　人の骨格の学習と関連しながら、動物の骨格を学習できます。しかも、本物の骨の重さや質感はなかなか体験できません。また、博物館や動物園などで、出前授業を行ってくれるところもあります。一度問い合わせてみてはいかがですか？

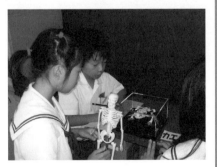

4年　体のつくりと運動

学習課題❷ 腕の曲げ伸ばしのときに筋肉は関係しているのか調べよう

STEP3　見通し（予想と観察実験の方法）

固くなっています。

力をいれるとこぶができます。

POINT
実際に自分の筋肉を触ってみながら，考えを出させます。

STEP4　追究する観察実験

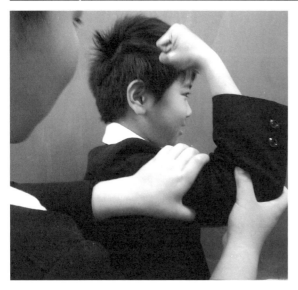

　2人1組になって，腕の曲げ伸ばしをします。そこで腕の筋肉が固くなっているところや，ゆるんでいるところを確認します。
　固くなっているところに赤シール，ゆるんでいるところに青シールを貼るようにして，腕の筋肉を確かめました。

POINT
　筋肉は体中にあります。分かりやすいのは，腕の筋肉ですが，足の筋肉にチャレンジしてみてもよいでしょう。足で何かを押さえながら，ふくらはぎを触ってみると確かに固くなっています。首の筋肉や，あごの筋肉もさわってみると，固くなります。
　力を入れる場所を決めて，確認をしていくとよく分かるでしょう。

4年　体のつくりと運動

STEP5　結果の集約と考えの共有化（コンセンサス）

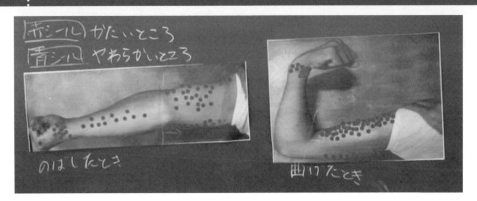

- Ⓣ結果から何が分かりましたか？
- Ⓒ腕を伸ばすと，やわらかいところが多くなります。
- Ⓒしっかり伸ばすと，腕の反対側に固いところがあります。
- Ⓣ曲げると固いところが増えますが，そうじゃない人もいますね。
- Ⓒ曲げると固いところの反対側に，やわらかいところができます。

> **POINT**
> 　腕を基本にして，様々な筋肉のやわらかいところと固いところを確認できると，学びが深まるでしょう。

まとめ　筋肉がゆるんだり，ちぢんだりしながら関節を曲げ伸ばしして体を動かしている。

ココにこだわる！　手羽先の解剖

　手羽先から肉をとると，すじが残ります。これが，骨と筋肉をつなぐ「けん」です。「けん」をひっぱると，関節が曲がります。筋肉の学習をした後に，手羽先の解剖を行うと，より学習が深まります。

　人と鳥との違いはありますが，どの動物にも骨格と筋肉があることを学び取ることができるでしょう。

〈実践者：尾形　卓也・今井　将〉

⑧ 乾電池のつなげ方

⏱ TIME：7時間

つけたい力と学びのポイント

乾電池や光電池に豆電球やモーターなどをつなぎ，乾電池や光電池の働きを調べ，電気の働きについての考えをもつことができるようにする。

☑乾電池の数やつなぎ方を変えると，豆電球の明るさやモーターの回り方が変わること。

この単元の全体像

初めの観察実験「2個の乾電池を使ってつなぎ方を変え，モーターを回してみよう」（1時間）

📝学習課題❶-1「乾電池の数を増やして直列や並列つなぎにすると豆電球の明るさが変化するか調べよう」（2時間）
↓
📝学習課題❶-2「なぜ乾電池の数とつなぎ方を変えると，豆電球の明るさが変化するのかを調べよう」（2時間）

📝学習課題❷「モーターの回り方は電池のつなぎ方によって変わるのか調べよう」（2時間）

STEP1　初めの観察実験

2個の乾電池を使ってつなぎ方を変え，モーターを回してみよう

準備しておく教材・教具
□モーター　□乾電池　□ソケット　□導線

POINT

豆電球ではなく，モーターで実験をしましょう。何人かは，乾電池のつなぎ方を，直列にしたり，反対につけたりして，モーターが早く回ったり反対に回ったりすることを見つけるでしょう。

4年　乾電池のつなげ方

STEP2　問題把握

- 乾電池の数をさらに増やしてつなぎ方を変えるとどうなるのか
- 乾電池の数をもっと増やしてみたい
- 豆電球を使ってみたい

→ 乾電池のつなぎ方によって明るさを変えることができるのか
➡ **学習課題❶－1**

- なぜ乾電池のつなぎ方で回り方が変わるのか
- 豆電球以外のものを使っても働きに違いがあるのか
- 身の回りに乾電池のつなぎ方や数を変えて使われているものはあるのか

→ モーターを使っても同じように働くのか
➡ **学習課題❷**

POINT
乾電池の増やし方には，並列つなぎと直列つなぎがあります。問題把握の場面の場面で，この2つのつなぎ方を確認しましょう。

ココにこだわる！　ねらいをもった自由思考

4年生ぐらいまでの子ども達は実験対象物を自由にさわってよいことにすると，楽しみながら工夫をはじめます。新しい発見をすると「大発見だね！」と言ってあげれば喜んで追究するでしょう。

今回の初めの観察実験は，自由思考をさせてみました。この単元では「モーター」「並列つなぎ・直列つなぎ」「電流」「電流の向き」が新しい内容となっています。電流の大きさについては，教師が教えるべき視点と考えています。電流を理解するには豆電球の方が分かりやすいでしょう。

学習課題①-1 乾電池の数を増やして直列や並列つなぎにすると豆電球の明るさが変化するか調べよう

準備しておく教材・教具
□乾電池　□豆電球　□明るさメーター

STEP3 見通し（予想と観察実験の方法）

電池を増やせば豆電球は明るくなる。

直列つなぎをすれば，豆電球は明るくなるが，並列つなぎでは明るくならない。

POINT
初めの観察実験で行った経験を，予想のときに整理しながら引き出せるとよいでしょう。

STEP4 追究する観察実験

明るさメーターと比較しながら豆電球の明るさを確認し記録をしていきます。電池1つから実験を始め，4個のところで豆電球は切れます。

明るさメーターは3つまでの明かるさまでしかはかれませんが，それ以上の明るさにしようとすると，数秒で豆電球は切れます。

何回やってもある程度の明るさまでいくと，豆電球はきれます。ここに疑問をもつ子がいて，次の学習へつながっていきます。

4年　乾電池のつなげ方

STEP5　結果の集約と考えの共有化（コンセンサス）

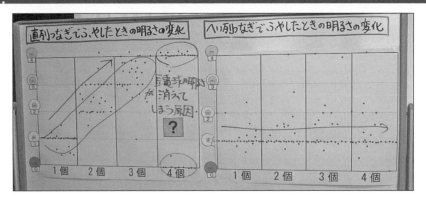

- T どんな結果になったかな？
- C 電池を直列に増やすと豆電球の明るさは明るくなりますが，4つの時は，結果が分かれています。
- T 結果が分かれるってどういうことかな？
- C 4つつなげると最初はぱっと明るくなりますが，しばらくすると消えてしまうのです。

> **POINT**
> 　乾電池を4個つなぐ所で，最初の何秒か豆電球は光りますが，しばらくすると消えます。この現象を見て，子ども達は集約表にどのように結果を記載すればよいのか迷います。そして，豆電球が切れてしまう原因について「電気が通じたときに，通じている何かが大きすぎるからかな？」と言った予測を立て始めるでしょう。

まとめ　直列つなぎをすれば，豆電球は軽くなり，並列つなぎをしても，豆電球は明るくならない。

ココにこだわる！　明るさメーター

　集約表に書き込むためには，実験結果を数値化する必要があります。重さは電子てんびん，時間はストップウォッチがあれば，数値化できます。では，明るさはどうすればよいのでしょうか？
　照度計という便利なものもありますが，豆電球のあかりを計測することは難しいです。そこで，考えたのが「明るさメーター」です。豆電球の明るさを3段階に分けて，設定します。こういった具体的な基準があれば，子ども達でも明るさを比べることができ，集約表に結果を入れることができるのです。

学習課題❷ モーターの回り方は電池のつなぎ方によって変わるのか調べよう

準備しておく教材・教具
□モーター　□電池　□乾電池ホルダー　□導線

> **POINT**
> 豆電球だけではなく、モーターでも同じように働くのかを調べます。4年生の段階において、1つずつ確認ができる時間が確保されています。1つ1つ疑問を解決できるように単元を構成できるとよいと思います。

STEP3　見通し（予想と観察実験の方法）

電流が大きくなれば速く回ると思います。

電流の流れが反対になれば、モーターは反対に回ると思います。

STEP4　追究する観察実験

電池を増やすと、モーターは速く回りますが、回転数までは、分かりません。集約表には、電流の大きさについてまとめますが、より速くなったという表記でまとめることにしました。

電池の向きを変えて、実験もします。反対に回るという結果は、集約表にはまとめませんが、結果には記録します。

> **POINT**
> 学習課題①-2で、直列つなぎをすると電流が増え、並列つなぎをすると電流が増えないことを確かめます。その上でモーターでも同じように変わるのか調べることが本時のポイントになります。授業のつながりを意識しながら授業を組めるとよいでしょう。

4年　乾電池のつなげ方

STEP5　結果の集約と考えの共有化（コンセンサス）

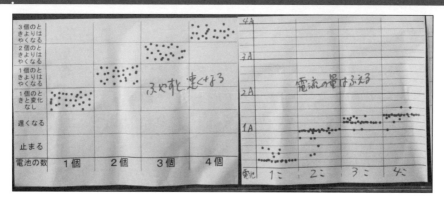

- T　結果から分かることを発表しましょう。
- C　電池の数を増やすとだんだん速くなっているようです。
- C　電流の大きさも大きくなっています。
- C　直列つなぎをすれば，電流も大きくなり，速く回ります。
- T　電池の向きを変えた人はいますか？
- C　電池の向きを変えると，モーターは逆に回りました。

まとめ　モーターの速さは乾電池を直列つなぎで数を増やすと速くなり，並列つなぎで数を増やしても速さは変わらない。また電流の向きが変わると回る向きも変わる。

ココにこだわる！　見通しのときに迫る

　４年生で，「電流の流れに向きがあるのか調べよう」という課題は難しいと感じています。今回はあえて，具体的な学習問題「モーターの回り方は電池のつなぎ方によって変わるのか調べよう」と設定しています。ただ，「電流の向き」という目には見えない科学的な見方考え方を養うためには，この「電流の向き」が，何によって見えてくるのかをつかむ作戦をとるとよいでしょう。自由思考のときに，モーターが反対に回ったという体験をすることで，予想が立つでしょう。簡易検流計を使えば，針の振れ方が反対向きになることで，気づく子がいるでしょう。事前の学習の中で，LEDを使っておくことで，LEDを観察実験に使えばよいと感じる子も出てくるでしょう。そういった考えを引き出し，話し合わせることで，だんだんと「電流には向きがある」という予想が構築されてきます。そこまで，じっくり話し合うことで理解が深くなると考えています。

〈実践者：尾形　卓也・今井　将〉

⑨ 振り子

〔5年〕

TIME：11時間

つけたい力と学びのポイント

　おもりを使い，おもりの重さや糸の長さなどを変えて振り子の動く様子を調べ，振り子の運動の規則性についての考えをもつことができるようにする。

☑ 糸につるしたおもりが1往復する時間は，おもりの重さなどによっては変わらないが，糸の長さによって変わること。

この単元の全体像

初めの観察実験「ブランコに色々な乗り方をしてみよう」（1時間）

↓

学習課題❶－1「糸の長さを変えるとふりこの周期が変化するか調べよう」（2時間）

↓

学習課題❶－2「振れ幅を変えるとふりこの周期が変化するか調べよう」（2時間）

↓

学習課題❶－3「おもりの重さを変えるとふりこの周期が変化するか調べよう」（2時間）

↓

学習課題❶－4「おもりの形を変えるとふりこの周期が変化するか調べよう」（2時間）

↓

学習課題❶－5「おもりの形をどのように変えると周期が長くなるのか調べよう」（2時間）

STEP1　初めの観察実験

ブランコに色々な乗り方をしてみよう

準備しておく教材・教具

□ブランコ

🅣 ブランコに乗ってくれる人？

🅒 はい！

🅣 じゃあ君（体の大きい子）と君（体の小さい子）ね。
同時に乗ってみよう。
揺れの具合は，あまり変わりませんね。

🅒 立ってこげば，揺れ方が変わってくるよ！

5年　振り子

STEP2　問題把握

□振れ幅によってふりこの周期は変わるのかな
□糸の長さによってふりこの周期は変わるのかな
□おもりの重さによってふりこの周期は変わるのかな
□おもりの形によってふりこの周期は変わるのかな
□振れ幅によってふりこの周期は変わるのかな
□おもりをスタートさせる位置を変えると周期はどうなるのかな
□振り子の長さは周期に関係があるのかな
□おもりの重さを変えて実験がしたい
□おもりの形を変えて周期に変化があるか調べたい
□おもりの大きさを変えてみたい

→ 周期はいつ変化するのか
➡ 📝 学習課題❶－1

ココにこだわる！　理科室から飛び出す

「自然に親しむことで自ら問題を見いだす」と指導要領には書かれていますが，ブランコに乗っているだけでは，自ら問題を見い出せません。ブランコという身近な乗り物に対して，ある条件を設定します。例えば，座り乗りと立ち乗りの違いや，体の大きな児童と小さい児童の比較などです。問題意識がなかったところに，教師の発問1つで子ども達を理科の世界に巻き込んでいきます。運動場の遊具にはそういった形で導入に使えるものもあります。身の回りの事物を科学的な見方考え方で見ることができるようになっていけると子ども達の視野が広がっていくでしょう。

学習課題❶-1 糸の長さを変えるとふりこの周期が変化するか調べよう

準備しておく教材・教具
□振り子セット　□ストップウォッチ

> **POINT**
> おもりは釣り具のおもりを使用しました。糸はねじれの少ない釣り用のテグスを、糸を止めるのは、ダブルクリップを使用しました。全員が実験をできる環境を安価に整えることができました。

STEP3　見通し（予想と観察実験の方法）

変わると思います。糸が長いと1回にふれる距離が長いからです。

変わらないと思います。ブランコの時はあまり変わらなかったからです。

> **POINT**
> 初めの観察実験の中から根拠を見つけ出す子。普段の遊びの中から根拠を見つけ出す子。前時の実験の中で見つけ出す子。似た実験を繰り返す単元だからこそ、しっかり根拠が言えるような取り組みをすることで、見通しに説得力がつきます。

STEP4　追究する観察実験

平均値の取り方や周期の調べ方の指導を行ってから、実験をスタートします。子ども達は、慣れるまで何回も実験をします。できるだけ正確に実験を行えるよう机間指導をしっかりします。

> **POINT**
> 子ども達は思い思いに実験をしますが、平均の出し方、ストップウォッチの使い方など、できていないことも多々あります。個別指導でフォローしきれない時は、1回止めて、もう一度全体指導をして取り組ませたほうがよい場合も多々あります。正確な実験をさせるためにも、子どもに任せすぎないことも大切です。

5年　振り子

STEP5　結果の集約と考えの共有化（コンセンサス）

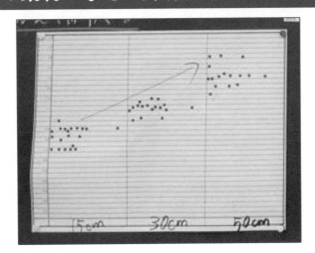

- **T** 結果はどうなりましたか？
- **C** 糸の長さが長くなればなるほど，周期は長くなりました。
- **T** 結果のばらつきについてはどうですか？
- **C** 多くのデータで，周期が長くなっている傾向が分かります。
  よって，周期は長くなるといってよいと思います。

> **POINT**
> 　5年生ともなってくると，データの読み取りもレベルが上がってきます。そこで，説明の仕方として「よって」とか「なぜなら」といった言葉も使って説明することを教えていくと，子ども達の思考力も深まっていくでしょう。

まとめ　糸の長さを長くすると，周期は長くなる。

> **ココにこだわる！　誤差を教える**
> 　振り子の単元は誤差の出やすい実験になります。この場面においては「傾向」をつかむことが大切になってきます。誤差について議論するのではなく，「この実験では○○といった傾向をつかむことはできました」と言えるまでに，これまでの実験で子ども達を育てておきたいものです。この単元で，科学的な見方考え方をマスターしておけるとよいでしょう。

学習課題❶-2 振れ幅を変えるとふりこの周期が変化するか調べよう

準備しておく教材・教具
□振り子セット　□ストップウォッチ

POINT
毎回，同じセットを使って実験ができるように，あらかじめ準備物を整えておくと，スムーズに実験を始めることができます。

STEP3　見通し（予想と観察実験の方法）

振れる大きさが大きくなると周期は増えます。

ブランコの時にあまり変わっていなかったので，変わらないと思います。

STEP4　追究する観察実験

振れ幅を読み取れるよう，分度器を付け，実験を行います。一定の振れになるよう，おもりの離し方も，練習した上で，実験に取り組むとよいでしょう。

POINT
この単元では，基本的に同じ実験を繰り返しすることになりますが，条件制御が大切となります。この条件制御を満たした実験になっているか，机間指導をすることで，チェックしましょう。甘い実験をしている子どもがいたら，声をかけて，この実験の意図は？と話しかけ，考えをもたせるようにできるとよいです。

5年　振り子

STEP5　結果の集約と考えの共有化（コンセンサス）

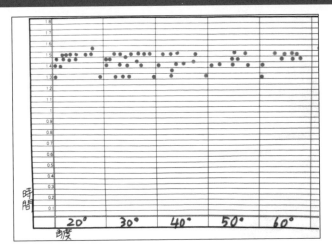

🅣 この結果から分かることを発表しましょう。
🅒 周期は変わらないと思います。
🅣 バラバラだと思いますが？
🅒 誤差と言っていいと思います。

> **POINT**
> 　傾向を読み取るという考え方で繰り返し実験を行うことで，子ども達の実験技能と共に，結果の読み取る力がついてくるでしょう。

まとめ 振れ幅が変わっても周期は変化しない。

ココにこだわる！ ものづくりにつなげる

　この単元の最後に「おもしろふりこ」を作ってみようとなげかけます。「YouTube」で検索をかけると，何種類かの映像が出てきます。この仕組みを思考させ，実際にものづくりをさせてみると，子ども達は必死になってつくるでしょう。糸の長さやおもりの形，様々な工夫をしながら取り組んでいくでしょう。

〈実践者：宮嶋　賢一・古市　博之・今井　将〉

10 人の誕生

5年

TIME：7時間

つけたい力と学びのポイント

人の発生についての資料を活用して，卵の変化の様子を調べ，動物の発生や成長についての考えをもつことができるようにする。

☑ 人は，母体内で成長して生まれること。

この単元の全体像

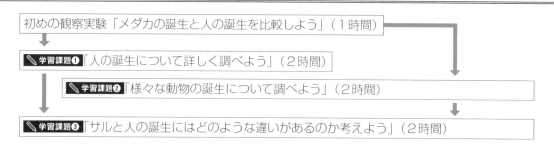

STEP1 初めの観察実験

メダカの誕生と人の誕生を比較しよう

準備しておく教材・教具

□ 人とメダカの受精卵　□ 人の誕生に関する写真　□ 人の誕生に関わる資料

Ⓣ この写真は何か分かるかな？

Ⓒ メダカの卵です。

Ⓣ ぶ～。実は，よく似ているけど，人です。比較してみましょうか。

※人の誕生に関わる資料を提示し，メダカと比較しながら解説

Ⓣ 人はメダカと違って，お母さんのお腹の中で育ちます。

Ⓒ そうなんだ。

POINT

人とメダカの生態は大きく違うので，子ども達の意識も２つの生き物は全く別ものという意識が強いと思います。あえて，その部分をついて，考えを深めてあげると，子ども達の追究意欲が上がると思います。

5年　人の誕生

STEP2　問題把握

- 人の受精卵は卵の中でどんなふうに成長していくのかな
- 母体の役割を調べたい
- 人の誕生について詳しく調べたい

→ 人の誕生について

- 他の動物の誕生を調べたい
- 他の動物の子どもについて調べたい

→ 他の動物の誕生について

POINT

　メダカと人との比較は，他の動物を調べる意識をもたせるための布石となります。他の動物を調べたいという児童は少数かも知れませんが話し合いの中で，子ども達の思いを膨らませていく必要があるでしょう。

　また，人の誕生についてもっと知りたいという気持ちをもたせるために，双子の話題など，子ども達が身近に感じる話題を用意しておけるとよいでしょう。

ココにこだわる！　素朴な疑問を大切にする

　メダカの単元では，できるだけ1人1人にメダカの卵を与えたいものです。人の単元では同じように観察実験はできません。だからこそ，メダカの体験をしっかり生かして，命の始まりを大切に扱ってほしいのです。その気持ちから，自分事に置き換えた学習が始まります。「いつ頃腕や手ができるのだろう」「双子はどうして産まれるのか？」といった，疑問を大切にし，教科書以上の内容だからといって，子ども達の気持ちにブレーキをかけず，取り組ませたいと考えています。

　もっと詳しく人の誕生について調べたいと思い，その気持ちを大切にすることで，自然を愛する心情も育ってくると考えています。

学習課題❷ 様々な動物の誕生について調べよう

準備しておく教材・教具
□ インターネットで調べられる環境

STEP3 見通し（予想と観察実験の方法）

卵でメダカと同じように，卵で産まれると思います。

ホニュウ類という言葉を聞いたことあるよ。お母さんのお腹で育つのがホニュウ類って……。

鳥やヘビは卵で産まれるんだよ！

コアラやカンガルーは袋の中で育つと聞いたことがあるよ。

POINT

好きな動物を調べることにすると，調べる生き物が重なってしまいます。そこで，調べる生き物を全員別の生き物としました。種が違えばよいこととしました。

STEP4 追究する観察実験

1人1人が違うWEBサイトを見て，判断をしていきます。困ったら助言はしますが，できるだけ本人達の力で調べさせることにしました。

5年　人の誕生

STEP5　結果の集約と考えの共有化（コンセンサス）

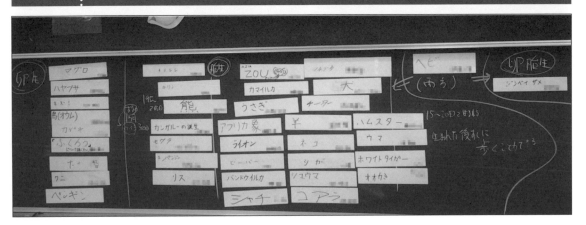

🅣 どんな生き物がいましたか？
🅒 お腹の中で生まれる生き物と卵で産まれる生き物がいました。
🅒 卵胎生と言って，魚でもお腹の中で子どもを育てる生き物もいることが分かりました。

> **POINT**
> 　発展学習なので，詳しい知識や妥当性については曖昧でよいと考えています。ここのねらいは，あくまで，次時で議論をするための予備学習というとらえです。
> 　卵を，体の外で育てる生き物と，卵を体の中で育てる生き物がいます。ヘビの中には体の中で育ている種がいることや，ジンベイザメなどの魚の一部も卵を体の中で育てます。生き物によって，様々な育て方があるということを知ることが大切です。中学で学ぶ，ほ乳類，は虫類などを識別して覚えることがねらいではありません。

まとめ 卵で産まれる動物とお腹の中で産まれる動物がいる。

> **ココにこだわる！　他の生き物に広げる**
> 　発展教材は，子ども達にどう取り組ませるかなど，有効に時間を使えると，子ども達に学習の有用感を伝えられます。先生方の創意工夫でぜひ，よい教材を提供してあげて下さい。
> 　本ページは，発展学習に思考を絡めた展開を紹介しました。最初の2時間で人についてさらに詳しく調べます。本時で，他の動物についても調べます。そのことをベースに，次時の学習が展開されます。

CHAPTER 2 ▶ 79

学習課題❸ サルと人の誕生にはどのような違いがあるのか考えよう

準備しておく教材・教具
□ スカイプ　□ ワオキツネザルの誕生瞬間の映像

POINT
今回は動物園（日本モンキーセンター）の学芸員さんに、「ワオキツネザルの母親は、子どもの誕生後、すぐに動き出すことができるし、子どもの成長も早いのはなぜだろうか」と課題を出してもらいました。今回は出前授業としてではなく、テレビ会議システムを利用しました。この方法だと、ゲストティーチャーに何度も学校に来ていただかなくても授業ができます。パソコン1つで、専門家と話ができるため、より高度な課題へ挑戦できます。

STEP3　見通し（予想と観察実験の方法）

　外敵に襲われるから。

　群れで暮らしているから。

POINT
今回の授業は、「今までの学習だけではなく、今もっている知識をすべて使って予想を立ててごらん」といって、取り組ませました。「間違えてもいいから」というニュアンスも伝えて、思い切った考えを出させるようにしました。

STEP4　追究する観察実験

思い切った予想を、各個人でした後に、グループで話し合い、グループの考えをまとめました。その考えを、ポスター形式にして、スカイプを通して発表しました。

5年　人の誕生

STEP5　結果の集約と考えの共有化（コンセンサス）

学芸員さんより，コメントをもらうことで，自分たちの考えを共有化することとしました。

> 野生なので敵が襲ってきます。でもサルは群れで過ごしているから，同じように守ってあげることができると思います。

> いいポイントに目を付けました。確かにその通りですが，実際の野生の世界はもっと複雑で，いろいろな要素が絡み合っているのです。

まとめ　サルは群れでくらしているので，母親は夜に出産し，次の朝には群れと行動をともにしなければならない。そのため子どもは生まれた直後から自力でつかまることができる。また二足歩行をするヒトに比べ母親の骨盤は産道が大きく，子どもの頭も小さいため，赤ちゃんを産む負担も小さい。

〈協力：公益財団法人日本モンキーセンター〉

ココにこだわる！　博学連携のすゝめ

指導要領解説の中にも「博物館等の連携を……」という文言があります。全国各地で実践例が増え，少しずつですが進展しています。連携の形態も「①出前授業②校外学習」があり，連携の方法も「①導入時②学習の内容を深める補足的な発展学習③章末」や，飼育体験などの長期的な実践も報告されています。全国各地の博物館や科学センターなどは，対象に合わせてプログラムを多くもっていて，実践を重ねています。「気軽に相談をして下さい。」と言っていただける場所が多くあります。より深みのある授業を目指すために，博学連携をしてみませんか？

〈実践者：古市　博之〉

11 流れる水の働き

TIME：8時間

つけたい力と学びのポイント

地面を流れる水や川の様子を観察し，流れる水の速さや量による働きの違いを調べ，流れる水の働きと土地の変化の関係についての考えをもつことができるようにする。

☑ 流れる水には，土地を浸食したり，石や土などを運搬したり堆積させたりする働きがあること。

☑ 川の上流と下流によって，川原の石の大きさや形に違いがあること。

☑ 雨の降り方によって，流れる水の速さや水の量が変わり，増水により土地の様子が大きく変化する場合があること。

この単元の全体像

初めの観察実験「洪水の様子を見てみよう」（1時間）

↓

📝 学習課題❶-1「流れる水にはどのような働きがあるのか調べよう」（2時間）

↓

📝 学習課題❶-2「水の量を増やすと流れる水の働きが強くなるのか調べよう」（1時間）

↓

📝 学習課題❷-1「庄内川の上流から下流までの流れの様子を調べよう」（2時間）

↓

📝 学習課題❷-2「石の形や大きさの変化と川の流れる水の働きはどのようにかかわっているのか調べよう」（2時間）

STEP 1 初めの観察実験

洪水の様子を見てみよう

準備しておく教材・教具
- □ 洪水の時の川の様子の写真
- □ 通常の時の川の様子の写真

🅣 この写真を見て気がつくこと発表しましょう。

🅒 川の色が茶色いです。

🅒 水の量も多いです。

🅒 流れも急に見えます。

5年　流れる水の働き

STEP2　問題把握

- 流れる水にはどんな力があるんだろう
- 水の量が多いと力は強そうだな
- 土砂などがどのように流れるのだろうか

→ 水が流れるとどのような働きをするのか
➡ 学習課題❶－1

- 川の様子をもっと知りたい
- 川の様子を観察したい

→ 川の様子について
➡ 学習課題❷－1

ココにこだわる！　身近な川を教材化する

　この単元は，身近にある川を取り上げるとよいでしょう。教材研究のためにぜひ，休みの日に出かけてみませんか。身近な川の河口から源流までドライブしてみると新たな発見が必ずあります。最初の勤務校は木曽川の近くだったので，河口からずっと上流に行きました。石は上流にさかのぼると共に大きくなりました。川幅もだんだんせまくなっていきます。まさに教科書通りで，当たり前のことに感動した覚えがあります。

　しかし，本校の近くにある川は矢田川で，上流にさかのぼっても大きな石がありませんでした。全ての川で同じであるという訳ではないことを理解しました。そこで，矢田川の本流にあたる庄内川をさかのぼってみることにしました。ここは教科書通りの川です。中流の特徴が長く，上流の特徴は，短い川でした。本物を教材研究することから，また違った視点で見えてくるものもあります。

学習課題❶−1 流れる水にはどのような働きがあるのか調べよう

準備しておく教材・教具
□コンパネ　□スコップ　□やかん　□じょうろ　□ろうと　□コンクリートブロック

STEP3 見通し（予想と観察実験の方法）

土を削る働きや，土を運ぶ働きがあると思います。

水の量が増えれば，働きは大きくなります。斜面がきつくなれば，働きは大きくなります。

POINT
予想よりも，観察実験の方法に力点を置いて話し合わせるとよいでしょう。この後は，グループによる実験を実施することになります。グループ内でも話をさせておくと，実験もスムーズに行われるでしょう。

STEP4 追究する観察実験

コンパネを台にして土を盛り，水を流します。流す水の量や，台の傾きによって，川の流れを再現する実験をするのですが，子ども達はとても喜んで実験をします。

POINT
子ども達は土を触るだけで楽しくなってしまいます。楽しいだけではなく，何のための実験であるかを忘れないように取り組ませるよう働きかけましょう。

5年　流れる水の働き

STEP5　結果の集約と考えの共有化（コンセンサス）

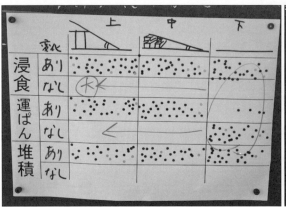
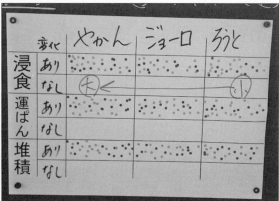

🅣 実験結果からどんなことが分かりましたか？
🅒 斜面が急だと，働きが大きくなります。
🅒 斜面がなくても，浸食などの働きがあることが分かりました。
🅒 働きは，急になったり，水の量が増えたりすれば大きくなることが分かりました。

まとめ 流れる水には「けずる・運ぶ・積もらせる」という働きがある。

ココにこだわる！　グループでモデル実験を実施する

　1人1実験を目指すことも大切ですが，時にグループ実験の方がよい場合もあります。安全面の確保や，複数で実験をした方が効率的である場合，実験の規模が大きい場合など，考慮されるでしょう。今回の流水実験は，グループ実験で行った方がよい実験と言えます。1人1実験にして，小さい箱に土を入れて水を流してもよいのですが，スケールが小さく，「体感」という観点では，薄い実験になりがちです。そこで，コンパネの上に土を引き，水を流すという実験をグループで行うことにしました。迫力ある実験に，子ども達の印象も強くなり，追究意欲も上がったと思います。

学習課題❷-1 庄内川の上流から下流までの流れの様子を調べよう

準備しておく教材・教具
□庄内川の石　□上流・中流・下流の写真　□インターネット

POINT
実物資料とインターネット資料を比較しながら調べ学習ができる環境を整えるとよいでしょう。

STEP3　見通し（予想と観察実験の方法）

上流ほど流れは急だと思います。

上流ほど，石は大きいです。

STEP4　追究する観察実験

調べ学習で得た情報と，実際の石や写真資料を合わせて，川の様子を比較させます。調べて得た情報を基に，話し合いを進めます。

POINT
教科書でまとめられるような特徴と，実際の川の特徴は，違う場合もあります。調べた内容と目の前にある資料をどう読み解くかを，先生と共に一緒に考えられるような学びにしていきたいと考えています。

5年　流れる水の働き

STEP5　結果の集約と考えの共有化（コンセンサス）

T 分かった情報を集めてみましょう。
C ポイント1は上流だと思います。
C 石も上流ほど大きいと思いますが，今回の資料はポイント2のものだと思います。
C ポイント4には，石が見当たらないので，河口付近だと思います。

POINT
川ごとに特徴はあるが，一般的な特徴を参考にしながら，共有化を図れるとよいでしょう。

まとめ 庄内川の上流には，大きな石があり川幅も狭い。
中流は川幅も広くなり，河原がある。
下流は川幅がもっと広くなり，河原のようなものは見当たらない。

ココにこだわる！　できれば川へ

学校の近くに行くことができる川があれば，ぜひ子ども達を連れて観察しましょう。安全面や単元計画など，配慮しなければならない点も数多くありますが，川に行き，流れる水の速さや力を体感すれば，より実感の伴った理解になります。そして，川は色々な表情をもっていることを理解するのではないのでしょうか。百聞は一見にしかず。資料を見ただけや，モデル実験をするだけ以上の体験になることは間違いないでしょう。

〈実践者：古市　博之・今井　将〉

5年 12 ものの溶け方

⏱ TIME：11時間

つけたい力と学びのポイント

　ものを水に溶かし，水の温度や量による溶け方の違いを調べ，ものの溶け方の規則性についての考えをもつことができるようにする。

☑ ものが水に溶ける量には限度があること。
☑ ものが水に溶ける量は水の温度や量，溶けるものによって違うこと。また，この性質を利用して，溶けているものを取り出すことができること。
☑ ものが水に溶けても，水とものとを合わせた重さは変わらないこと。

この単元の全体像

初めの観察実験「長いガラス管に，食塩の粒を少しだけ入れてみよう」（1時間）

✎学習課題❶-1「食塩は消えたのか，水の中に存在しているのか調べよう」（2時間）
✎学習課題❶-2「いろいろな物質を水に溶かすことができるのか調べよう」（2時間）

✎学習課題❷-1「水の量を増やすことでものが溶ける量は増えるのか調べよう」（2時間）
↓
✎学習課題❷-2「水の温度を高くすることでものが溶ける量は増えるのか調べよう」（2時間）

✎学習課題❸「溶かしたものを再び取り出すことができるか調べよう」（2時間）

STEP 1　初めの観察実験

長いガラス管に，食塩の粒を少しだけ入れてみよう

準備しておく教材・教具
□ 長いガラス管　　□ 食塩

POINT
　少しだけ食塩を入れることで，ガラス管の下につくまでに食塩が見えなくなる現象を見せましょう。「消えた！」と子ども達が話しはじめるでしょう。

5年　ものの溶け方

STEP2　問題把握

- いろいろなものを溶かしてみたい
- 溶けたものは水の中に存在するのか
- なくなった食塩はどこへいったのか
- 水の量を増やすと溶ける量は増えるのか
- 水の温度を高くすると溶ける量は増えるのか
- 溶ける量には限度があるのか
- 溶け残った食塩を全部溶かしたい
- 溶かしたものは取り出せるのか

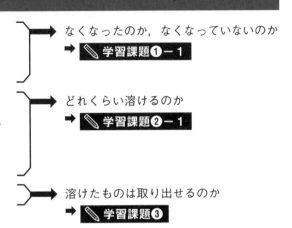

→ なくなったのか，なくなっていないのか
　➡ 学習課題❶ー1

→ どれくらい溶けるのか
　➡ 学習課題❷ー1

→ 溶けたものは取り出せるのか
　➡ 学習課題❸

POINT

　子ども達の中には，溶けるという概念が，おぼろげにはあるでしょう。そこで教師は「なくなった」とあえて強調して，迫っていきます。そうすると，逆に子ども達はどうにかして，「なくなってない」と説明しようとします。「なくなった」と思う子もいるでしょう。

　この場面で，話し合いをしっかりしておくことが大切です。3年生で学んだ重さや，4年生で学んだ水を蒸発させることが，アイデアとして出てきます。以前に学んだ科学的な見方考え方をしっかりと引き出し，次時の学習へ向かわせることが大切です。

ココにこだわる！　言語を大事する

　「消えた」という表現は，正確ではありません。しかし，あえてその言葉を使うことで，子ども達の疑問を引き出すことをしています。この場面で3年生の重さの授業が効いてきます。

　「溶ける」「水溶液」というしっかりとした定義を，観察実験をした上でしていくことが必要になってきます。言葉の定義をしっかりすることがこの単元では必要とされます。「科学的な見方考え方に基づいた言葉」と「曖昧な言葉」をしっかり使い分けることができたら，もうプロの教師です。

学習課題❶-2 いろいろな物質を水に溶かすことができるのか調べよう

準備しておく教材・教具
□食塩　□砂糖　□ミョウバン　□クエン酸　□小麦粉　□鉄粉など

STEP3 見通し（予想と観察実験の方法）

溶けるものと溶けない
ものがある。

粉状のものは溶けやすい。
砂とか鉄粉などの硬い粒は溶けない。

POINT
溶けそうなものもと溶けなさそうなものを実験で確かめていきます。砂などは溶けにくいことが分かっていると思います。子ども達が選んだ物質で実験をするとよいでしょう。

STEP4 追究する観察実験

水の量は100mlと決めて、5gずつ溶かしていきました。物質を水に1回入れてかき混ぜますが、すぐに溶けるものと、すぐには溶けないものが出てきます。ずっとガラス棒で溶かそうとする児童もいます。

POINT
何種類も溶かす物を準備しました。子ども達の発想で集めた物質にすると、積極的に取り組むでしょう。

5年　ものの溶け方

STEP5　結果の集約と考えの共有化（コンセンサス）

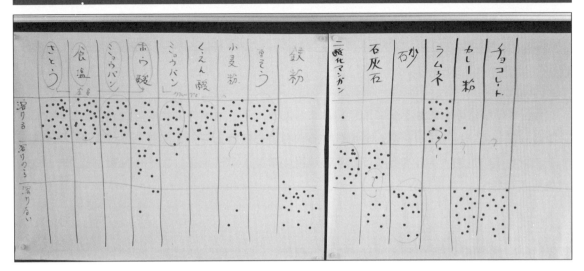

T　実験結果から分かることはなんですか？
C　粉状のもののほとんどは溶けましたが，硬いものは溶けませんでした。
C　砂や鉄粉などは全く解けませんでした。
C　量は減ったけど，すべて溶けなかったものもあります。

> **POINT**
> ホウ酸は，すべて溶けなかったが，少しは溶けたのではないかという感触をもって終わらせておくと，次の学習へつながるでしょう。

まとめ　物質によって溶けるものと溶けないものがある。

ココにこだわる！　観察実験の計画をたてる

子ども達に観察実験の方法を考えさせる時，突拍子もない方法が出てくる学習場面もあれば，ある程度見通しがつく学習場面もあります。本時の場合，ある程度絞ることができる内容です。そんな時は，「どうしてそれを使うの？」「その器具の使い方は？」などと，時間をかけて計画を問い直すことで，子ども達を鍛えましょう。「この実験は簡単だね」と教師が勝手に進めるのではなく，予想のつきやすい実験の時こそ，繰り返し問い直すことで，問題解決力が上がっていくと考えています。

学習課題❸ 溶かしたものを再び取り出すことができるか調べよう

準備しておく教材・教具
□食塩水　□ホウ酸水　□ミョウバンを溶かした水溶液　□スクリュー菅　□蒸発皿
□アルコールランプ

POINT
　今回は3種類の水溶液を全て取り組みましたが，子ども達の実態や実験器具によって1つにしてもよいし，2つを選んで比較するのもよいでしょう。本実践では，スクリュー菅を使用しています。水溶液をこぼさずに温度のコントロールをしながら観察がしやすいのが利点です。

STEP3　見通し（予想と観察実験の方法）

温度を下げれば，取り出すことができる。

水を蒸発させれば，取り出すことができる。

STEP4　追究する観察実験

蒸発皿で水を蒸発させる実験と，温度を氷水を使って下げて，再結晶をさせる実験を行いました。

POINT
　温度管理が難しいのがこの実験の特徴です。お湯や氷を大量に準備して実験をしました。温度が安定するように，発泡スチロールトレイも使用しました。

5年　ものの溶け方

STEP5　結果の集約と考えの共有化（コンセンサス）

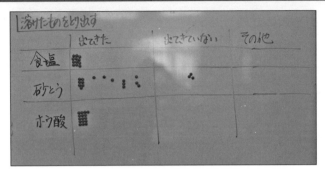

- T 実験結果から分かることはありますか？
- C どの水溶液も蒸発させると溶けていたものを取り出すことができる。
- C どの溶液も，冷やすと溶けていたものが出てきた。

まとめ 溶けたものを取り出すことはできる。

ココにこだわる！思考力を鍛える②

　観察実験がスムーズにいく場合，子ども達は考えたつもりになっていますが，深く考えられていない場合もあります。その場合，教師の発問で，子ども達を揺さぶり，思考力をさらに鍛えることもできます。この単元の最後に「下から熱して，上から冷やすと水溶液の中はどのようになると思う？」という課題を出したことがあります。

　冷たいものに触れると再結晶して溶けているものが析出しますが，温めると再び溶けます。この問いに子ども達は様々な想像をして，予想を立ててきます。

　こしょうなどを入れる金属の入れ物に，エタノールを入れ，さらにドライアイスを入れて冷やしたものを準備しました。さらに，500mlの水にミョウバンを500gいれ温度を55℃にしてミョウバンがすべて溶けた状態の水溶液も準備しました。この状態のミョウバン水溶液に，先のドライアイスとエタノールで冷やした金属の入れ物を入れると，ミョウバンが雪のようになって降りだすのですが，下から温まった水溶液が上がってきて，ミョウバンの再結晶は見えなくなります。このような不思議な現象に対して，コメントを入れながら子ども達は解説ができました。思考力が備わってきたなと感じた瞬間でした。

〈実践者：古市　博之・今井　将〉

13 水溶液の性質

⏱ TIME：11時間

> 👉 つけたい力と学びのポイント

　いろいろな水溶液を使い，その性質や金属を変化させる様子を調べ，水溶液の性質や働きについての考えをもつことができるようにする。

☑ 水溶液には，酸性，アルカリ性及び中性のものがあること。
☑ 水溶液には，気体が溶けているものがあること。
☑ 水溶液には，金属を変化させるものがあること。

この単元の全体像

初めの観察実験「温泉水にムラサキキャベツ液を入れてから，さらに混ぜてみよう」（1時間）

↓

✏ 学習課題❶-1「水溶液がどんな水溶液に分けられるのか調べよう」（2時間）

↓

✏ 学習課題❶-2「気体が溶けている水溶液があるのか調べよう」（2時間）

✏ 学習課題❷「性質の違う水溶液を混ぜ合わせても，変化したりしなかったりするのはどうしてか調べよう」（2時間）

✏ 学習課題❸-1「水溶液で溶ける物質があるか調べよう」（2時間）

↓

✏ 学習課題❸-2「反応してなくなった金属は消えたのか調べよう」（2時間）

STEP 1　初めの観察実験

温泉水にムラサキキャベツ液を入れてから，さらに混ぜてみよう

準備しておく教材・教具
☐ 温泉水　☐ ムラサキキャベツ液　☐ ビーカー

> **POINT**
> 　サイエンスショーのように始めましょう。子ども達はひきつけられて，「おー」と言いながら，観察をするでしょう。

6年　水溶液の性質

STEP2　問題把握

- □ 水溶液にはどんな性質があるのかな
- □ 他の水溶液でも調べたい
- □ 水溶液にはどんな違いがあるのかな
- □ 身の回りの水溶液にも違いがあるのかな

→ 水溶液の性質を分類できるか
　➡ 学習課題❶－1

- □ 混ぜても変化する時やしない時があるのかな

→ 水溶液を混ぜるとどうなるか
　➡ 学習課題❷－1

- □ 水溶液にはどんなものが溶けているのかな

→ ものを溶かす水溶液を詳しく知りたい
　➡ 学習課題❸－1

ココにこだわる！ 温泉水を教材化する

　全国にはいたる所に温泉があります。液性も，強酸性・弱酸性・弱アルカリ性・強アルカリ性と様々です。中性の温泉水もあることが分かりました。正確には，BTB溶液を入れても緑色から変色をしない温泉水があったのです。これらの温泉水と紫キャベツ液を混ぜるという初めの観察実験を考えました。

　この初めの観察実験で，単元で学習する内容を網羅できると考えたのです。洗剤やレモン水など，身近に面白い教材は多くありますが，何かを溶かす水溶液は身近にはありません。「何かを溶かしたい」という興味関心をもたせるために「温泉水」を持ち出したのです。「肌がすべすべになる」をキーワードにして，「溶けているの？」という疑問に話し合いをする中で結びつけられたらと考えました。採取するには，日本全国旅しなければなりませんが，こういった教材を探すことは，かけがえのない楽しみとなっています。

（注意：温泉水は，飲料用としてもらえる場所もありますが，教材用として許可申請をしなければならない場所もあります。）

学習課題❶−1 水溶液がどんな水溶液に分けられるのか調べよう

準備しておく教材・教具

□水酸化ナトリウム水溶液　□うすい塩酸　□食塩水　□砂糖水　□炭酸水　□うすいアンモニア水　□台所洗剤　□酢　□重曹の水溶液　□石けん水　□お茶　□ジュース類　□BTB溶液　□ガラス棒　□リトマス紙　□ビーカー　□試験管など

STEP3　見通し（予想と観察実験の方法）

酸性とアルカリ性に分けることができる。

レモンのようなものは酸性だと聞いたことがあります。

POINT

指示薬は複数種類あるが、この実験ではあえてリトマス紙を使用します。子ども達には「安価で扱いやすいので」と答えるとよいでしょう。

STEP4　追究する観察実験

10種類以上の水溶液を準備しました。その水溶液をビーカーに採取し、ガラス棒につけて、リトマス紙にたらしました。

子ども達はてきぱきと判別していきました。

POINT

前時の学習において、どの水溶液を使いますか？と実験方法のところまで話し合っておくと、自分たちで選んだ材料で実験ができます。子ども達が選んだ実験対象であることで、さらに積極的に取り組みが進むでしょう。

6年　水溶液の性質

STEP5　結果の集約と考えの共有化（コンセンサス）

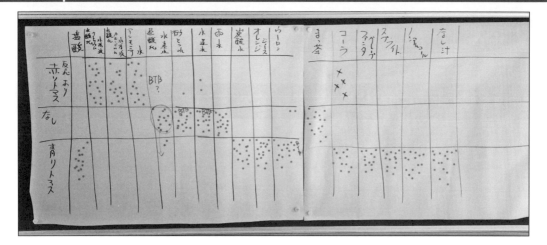

POINT

　リトマス紙だと，お茶は判別しにくく，子ども達のデータは，中性と酸性に分かれます。よって結果の判定が曖昧となりコンセンサスを得ることができません。そこで，教師側からBTB溶液を紹介し，追実験をさせることにしています。BTB溶液を使えば，はっきりと酸性であると結論が出せます。さらに，「どうしてそういった結果がでるのだろう？」となげかけると，子ども達に「弱い酸性というものがあるのでは……」と考えを深めることができるでしょう。

まとめ　水溶液は，酸性・中性・アルカリ性の3つに分けることができる。

ココにこだわる！ 指示薬を選ぶ

　小学校では，指示薬としてリトマス紙が一番オーソドックスですが，ムラサキキャベツ液を利用することもあるでしょう。中学校の授業では通常BTB溶液を利用しますが，小学校の授業でも，BTB溶液を使用する実践を何回か拝見しました。BTB溶液を使用する意図は，その使い安さでしょう。水溶液にスポイトでBTB溶液を入れるだけで，液性が判別できます。

　今回の実践は，あえてリトマス紙で曖昧な結果を出す場面もねらっています。曖昧な結果を判別するためにBTB溶液を使い，曖昧な結果が出てくる理由を考えさせるのです。あえて2種類の指示薬を使うことで，子ども達の考えを深める方法はいかがでしょうか。

学習課題❸-1 水溶液で溶ける物質があるか調べよう

準備しておく教材・教具
□塩酸　□水酸化ナトリウム水溶液　□食塩水　□アルミニウム片　□鉄片　□木　□肉など

STEP3　見通し（予想と観察実験の方法）

塩酸を使うと、金属などは溶けると思います。

金とか銅などは溶けないという話を聞いたことがあります。

STEP4　追究する観察実験

子ども達が考えた物質を代表的な水溶液の中に入れることにしました。代表的な水溶液と問うと「塩酸・食塩水・水酸化ナトリウム水溶液」の3種類が出てきました。

この中に意見として出された「鉄・アルミニウム・銅・金・亜鉛・石灰石・卵の殻・木・肉など」を3種類の水溶液に入れました。

POINT

子ども達の発想の中で授業をすると、真剣に観察をします。本校には歴代の先輩がこの実験のために貴重なものも残してくれていました。金は、小さなかけらですが、10枚あります。アルミニウムが反応している横で、全く反応しない金の様子を見て、「さすがだ」と子ども達が言っていました。これまでの実践の記録を残しておいて、事前に予想して準備をしておくと「あるよ」といって、出してあげます。このように、教師が予測して準備をすることも大切です。

6年　水溶液の性質

STEP5　結果の集約と考えの共有化（コンセンサス）

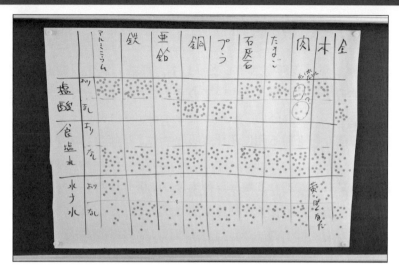

🅣 この結果から分かることを発表しましょう。
🅒 塩酸は，多くの物質に反応しました。
🅒 水酸化ナトリウム水溶液も，アルミニウムなどで反応しました。

まとめ 酸性とアルカリ性の水溶液の中には気体を出しながら金属と反応するものがある。
　　　水酸化ナトリウムに，木と肉を入れると水溶液が変色したので，何らの反応があった。

ココにこだわる！　推論まで高める

　6年生に育成すべき問題解決力として「推論」があります。この力をつけるには，大前提として，「科学的な見方考え方」をしっかりと習得している必要があります。さらにその「科学的な見方考え方」を使いこなせなければなりません。今回は，「混ぜる」という視点をもたせています。その場合，液性の強弱や濃度についても考えがなければ，本時では「推論」できません。予想はクイズのように根拠がなくてもできます。仮説も，論理的に考えを提案すれば仮説と言えるでしょう。しかし，推論は，これまで得てきた科学的な見方考え方を十分活用して，論じることが求められます。そういった場面に，追い込むことが6年生になると必要になってくるのではないでしょうか。

〈実践者：古市　博之〉

14 人の体のつくりと働き

6年

⏱ TIME：10時間

つけたい力と学びのポイント

　人や他の動物を観察したり資料を活用したりして，呼吸，消化，排出及び循環の働きを調べ，人や他の動物の体のつくりと働きについての考えをもつことができるようにする。

☑ 体内に酸素が取り入れられ，体外に二酸化炭素などが出されていること。
☑ 食べ物は，口，胃，腸などを通る間に消化，吸収され，吸収されなかったものは排出されること。
☑ 血液は，心臓の働きで体内を巡り，養分，酸素及び二酸化炭素などを運んでいること。
☑ 体内には，生命活動を維持するための様々な臓器があること。

この単元の全体像

初めの観察実験「人の内臓模型と解剖した魚の内臓を比較しよう」（1時間）

　✎ 学習課題①-1「人の食べ物の通り道の特徴や働きを調べよう」（1時間）
　✎ 学習課題①-2「食べ物は，消化管を通るとどうなるのか調べよう」（2時間）
　✎ 学習課題①-3「消化された養分は，どのように吸収されるのか調べよう」（1時間）
　✎ 学習課題②-1「肺の働きについて調べよう」（1時間）
　✎ 学習課題②-2「吐いた空気と吸った空気の違いを調べよう」（2時間）
　✎ 学習課題③「心臓のしくみや働きと，血液の循環について調べよう」（2時間）

STEP 1　初めの観察実験

人の内臓模型と解剖した魚の内臓を比較しよう

準備しておく教材・教具
☐ サンマなどの魚　☐ 解剖ばさみ　☐ 発泡スチロールトレイ
☐ 人体模型トルソー

> **POINT**
> 　人と魚の比較をすることで，人体の臓器への関心へつなげましょう。

STEP2 問題把握

- 人の食べ物の通り道も1本なのか
- 栄養をどのように体に取り入れているのか調べたい
- 口から肛門までの間はどうなっているのか調べたい
- 食べ物はどのように変化していくのかな

→ 消化器の働きについて
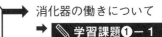

- 呼吸をするとなぜ酸素が減り，二酸化炭素が増えるのか
- どのようにして酸素と二酸化炭素の量を変えているのか

→ 呼吸器の働きについて

- いろいろな臓器について調べたい
- どのような臓器がつながっているのか

→ 循環器の働きについて

ココにこだわる！ 臓器の準備

この単元こそ，できるだけ本物を使いたいと考えています。魚の解剖だけでなく，他の臓器にも挑戦してみませんか？

精肉店に行って，交渉すると意外と安価に準備してくれます。本校が利用している精肉店では，肝臓，心臓，小腸，大腸，気管を用意していただいています。

小腸を広げると，全員で持てるほど長いことが分かります。気管はやや堅いものでできています。心臓の弁はひものようなものでつながっています。図だけでは絶対得られない学びがあることでしょう。

どの場面で提示するかは，授業者次第。導入，発展，まとめなど様々な展開を実態に合わせて展開できるとよいと思います。

学習課題❶-1 人の食べ物の通り道の特徴や働きを調べよう

準備しておく教材・教具
□インターネットで調べられる環境　□消化管モデル

STEP3　見通し（予想と観察実験の方法）

食道，胃，小腸，大腸の順で流れていきます。

胃で消化すると思います。

POINT
「消化と吸収」という定義は，この段階では曖昧のまま進めることにしました。

STEP4　追究する観察実験

　消化管に絞って調べ学習をすることで，様々な情報を得ることができました。
　その情報を次のステップで共有化させます。

POINT
　消化器官は，「口→食道→胃→小腸→大腸→肛門」とつながっています。このつながりを確認をして，1つ1つの臓器の役割を調べます。
　講義型の授業になりがちな単元で，調べ学習を取り入れれば，アクティブ・ラーニングとして展開することができます。情報を収集する力も大切な育てたい資質です。

6年　人の体のつくりと働き

STEP5　結果の集約と考えの共有化（コンセンサス）

- Ⓣ どのような情報が集まりましたか？
- Ⓒ 胃で肉は消化されます。
- Ⓒ 口の中で唾液が出て消化されていきます。
- Ⓒ 小腸で，養分は吸収されます。

POINT
「消化」「吸収」という言葉の定義を，共有化の段階で行いました。

まとめ　食べ物は，口→食道→胃→小腸→大腸→肛門を通って，排出される。
胃や十二指腸で消化され，小腸で吸収される。

ココにこだわる！　調べ学習とモデル実験を組み合わせる

知った気になる子ども達に具体を示すことができない場合，モデルを示すことで，子ども達に実感をもたせることができるでしょう。インターネットを調べただけで，分かった気になっているので，意識的に実物と組み合わせながら観察をさせましょう。

学習課題❷-2 吐いた空気と吸った空気の違いを調べよう

準備しておく教材・教具
□ 気体採取機・検知管　□ BTB溶液　□ ブタの肺の標本　□ 肺のモデル

> **POINT**
>
> 　通常は，石灰水で実験をするだけで終わる所を，様々な観点で考察ができるように，肺に関わる標本やモデルを集めました。
> - ブタの肺の標本のねらい：気管は枝状に細かく分かれていることを観察するため。
> - 横隔膜モデルのねらい　：肺胞に空気が入り込むことにイメージを持たせるため。
>
> 調べ学習をつなげて観察や実験を行なえるとよいでしょう。

STEP3　見通し（予想と観察実験の方法）

酸素を吸って，二酸化炭素をはき出す。

> **POINT**
>
> 　調べ学習を終えた後，子ども達の認識は，「酸素を吸って二酸化炭素を吐き出す」という認識で止まります。ここで，もう少し問いかけをすることで，吸う空気と吐く空気の違いを調べたり，モデルや標本を観察したりして，呼吸のイメージをふくらましましょう。

STEP4　追究する観察実験

　肺の気管が分かれていく部分を観察すると，より細かい肺胞に分かれていることをイメージできるでしょう。また，肺胞は袋であることをイメージできるように，風船モデルも使用しました。

　吸う空気と吐く空気の酸素と二酸化炭素の割合を気体検知管で調べれば，酸素の濃度は減り，二酸化炭素の濃度が増えることが分かります。様々な視点で，呼吸に迫りたいと考えています。

6年　人の体のつくりと働き

STEP5 結果の集約と考えの共有化（コンセンサス）

- T 予想は，酸素が二酸化炭素に変わるですが，どうですか？
- C 酸素の割合が減り，二酸化炭素の割合が増えたが正しいことが分かりました。
- C 前回の調べ学習で，得た知識では，酸素を吸って二酸化炭素を吐き出すことや，吸った酸素が肺胞で体の中に取り込まれることが分かったが，実際に実験でも調べた内容と同じ結果が出てよく分かった。

まとめ　吐く空気と吸う空気の酸素の割合と二酸化炭素の割合は，吸う空気に比べて吐く空気の酸素が減り二酸化炭素が増える。

ココにこだわる！ 実験器具の選択

　本場面において，石灰水を吐く息で白くして，「二酸化炭素が多くなった」と理解しがちですが，吸う空気に比べて吐く息の二酸化炭素が増えていることを比較実験したわけではありません。子ども達が調べ学習で得た知識で「石灰水を白くすれば」と考えを述べてきたので，逆に，それは証明になっていません。どうすればよい？と問いましょう。

　時間をかけて相談をさせると数人が「比較実験になっていません。石灰水にポンプで空気を入れる実験をすればいいと思います。」と答えました。実際にやってみると，ポンプでやっても白くなりません。同じようにBTB溶液で実験を行っても，吐く息は黄色くなり，ポンプで空気を送っても変化はありません。こういったところに，子ども達と考えを深め合えると，より確かな学力の定着になると考えています。

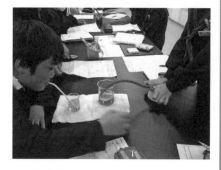

〈実践者：古市　博之〉

15 大地の変化

⏱ TIME：4時間

> 📝 つけたい力と学びのポイント

　土地やその中に含まれるものを観察し，土地のつくりや土地のでき方を調べ，土地のつくりと変化についての考えをもつことができるようにする。
☑ 土地は，礫，砂，泥，火山灰及び岩石からできている。
☑ 土地は，火山の噴火や地震によって変化すること。　　　　　※地層は前単元で学習

この単元の全体像

初めの観察実験「間欠泉の様子を観察しよう」（1時間）
↓
✎学習課題❶-1「火山や地震がどのようにして起こるのか調べよう」（1時間）
↓
✎学習課題❶-2「堆積岩と火成岩を見分けることができるか調べよう」（1時間）
↓
✎学習課題❶-3「地下の熱をどのように使えるか調べよう」（1時間）

STEP 1　初めの観察実験

間欠泉の様子を観察しよう

準備しておく教材・教具
□ 間欠泉の映像

POINT
　火山の映像ではなく，温泉をイメージさせる教材としました。火山を連想させることと，地熱の有用性の代表である温泉を連想させるには，間欠泉の映像が一番よいと考えています。

🅣 何に見えますか？
🅒 温泉だと思います。
🅒 蒸気がたくさん出ていると思います。
🅣 どうして地面から熱いお湯が出てくるのでしょうか？
🅒 地面の下はとても熱いからです。

6年　大地の変化

STEP2　問題把握

- 間欠泉はどのようにつくられるのか
- どうしてお湯が出てくるのか
- なぜ吹き出すのか
- なぜ熱いのか
- 間欠泉と火山には関係があるのか
- 間欠泉はどのような場所でできるのか
- 火山と温泉には関係があるのか

→ 地面の下は熱がある
（火山との関連は？）
→ 学習課題❶－1

POINT

間欠泉のある場所は，火山や温泉が多くある場所であることを強調して，話を始めるとよいでしょう。今回の授業では，熱源は何か？どのような仕組みか？といったところに疑問が集中しました。

ココにこだわる！　防災教育の視点を取り入れる

防災教育が理科の中でも非常に重要なキーワードになってきました。どの教科でも防災教育の視点は必要ですが，科学的な視点に立った上での理科と絡めた学習が今後必要になってくると考えています。まだまだ，総合との関連などでしか進んでいないこの分野ですが，今後，教材も変化していくだろうと思いますし，変化しなければならないと感じている分野です。

九州に取材に行くと，温泉地からは湯気が地面から出ている所をよく見かけます。九州の先生にお話を聞くと，別に珍しくはなく，見慣れた風景なのだそうです。しかし，筆者は中部地区出身なので，山中から湯気が出ているだけで，疑問がわいてきます。初めの観察実験は，地域素材を使わない方が，興味関心を引き出せる場合もあるでしょう。逆に，大きな断層のある地域ならば，地層を軸に地震から入ってもよいでしょう。地震や火山をもっと手厚く，最後には防災教育まで絡めて学習をすることが，今求められていると感じます。

学習課題❶-1 火山や地震がどのようにして起こるのか調べよう

準備しておく教材・教具
☐ 調べ学習用 iPad

STEP3 見通し（予想と観察実験の方法）

　マグマが出てくる。

　熱が吹き出す。

POINT
子ども達は，火山の映像や地震の映像を調べ始めますが，あまりイメージがわかないようであれば，何点か演示として，映像や画像を見せると，これから学習するべき内容がイメージできるでしょう。

STEP4 追究する観察実験

検索のキーワードに「火山」「地震」入れるだけで，様々な資料が出てきます。防災教育の観点から，小学生でも分かるサイトは多く存在します。そのサイトを活用して情報を集めます。集めた情報を共有化することで，学習の方向性が定まってきます。

POINT
ネットで検索をかけると，溶岩が出てくる火山の映像や地震の被害を表した画像をたくさん見つけることができます。その次に，どうして地震が起きたり火山が噴火するのかを紹介するサイトを見つけ，読み取りましょう。小学生でも分かるような解説が，数多く出てきています。このサイトを活用して，学習ができます。
また，見つけたサイトをお互いに情報共有できるように，大型画面のモニターを活用することで，よりアクティブな学習になっていくでしょう。

6年　大地の変化

STEP5　結果の集約と考えの共有化（コンセンサス）

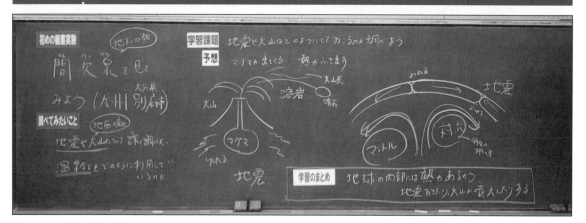

- Ⓣ どのようなことが分かりましたか？
- Ⓒ 火山や地震は，地面の下にあるマグマによって起こることが分かりました。
- Ⓒ マグマが噴出してきている山を火山と言います。
- Ⓒ 火山は，溶岩や火山灰，時には噴石も飛ばします。
- Ⓒ 地震は，プレートが動くことによって起きるとありました。

> **POINT**
> マグマやプレートの概念が出てきますが，あくまで熱源が地球の深部にあるということを軸に話を進めることが大切です。

まとめ 地球の内部には熱があるから，地震が起きたり火山が噴火したりする。

ココにこだわる！　マグマを教える

現在の学習指導要領では，マグマについて触れることはありません。前指導要領では，地震や火山の起こる理由には触れないとまで記述してありました。しかし，地学系の博物館の学芸員に，「マグマの知識に触れずに，地震や火山のことを話すことができますか？」と質問したところ，「不可能です」と答えてもらったことがあります。テレビやネットの上でも，子ども用の図鑑でもマグマについてふれているのに，小学校では学ばないということになっているのが現在です。思い切って，中学校で学習する内容にふれることも時には必要と考えた単元でした。

CHAPTER 2 ▶ 109

学習課題❶-2 堆積岩と火成岩を見分けることができるか調べよう

準備しておく教材・教具
□河原から拾った石　□調べ学習用 iPad　□岩石標本（堆積岩・火成岩）

> **POINT**
> ただ観察するのではなく、標本やサイトの情報を基に観察ができるように上記の準備物を用意しました。

STEP3　見通し（予想と観察実験の方法）

資料と比較すれば、見分けることができるだろう。

インターネットで調べれば分かるだろう。

> **POINT**
> 調べる技能を伸ばすことを観点に授業を行うとよいでしょう。岩石の知識理解を求めるのではなく、火山でできた石について、情報を集める授業と考えましょう。

STEP4　追究する観察実験

身近な石を題材にして観察をしました。火成岩の標本と堆積岩の標本と見比べながら答えを探していきます。

インターネットの情報も頼りにしていましたが、結局は、よいサイトを見つけられずに、標本と見比べている子どもが多かったように思います。

> **POINT**
> 石の断面をスケッチさせながら捉えさせると、子ども達に気づきが生まれるでしょう。さらに、タブレットから情報を取り出すことにより、単純な観察だけや単純に調べるだけではない、情報をもちながら本物を観察する1つ上のアクティブ・ラーニングになります。より難易度の高い授業へのチャレンジをしてはいかがでしょうか？

6年　大地の変化

STEP5　結果の集約と考えの共有化（コンセンサス）

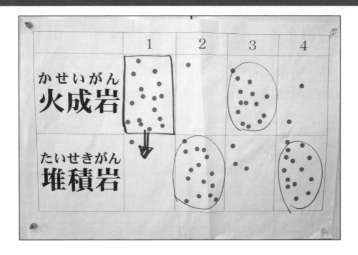

> **POINT**
> 引き続き，岩石の観察をすることを意識付けます。実感の伴った理解は，実物を観察したり，実験をしたりすることで，身に付くと考えています。

まとめ　堆積岩と火成岩では，模様が違うので見分けることができる。

ココにこだわる！　河原から拾った石を使う

　河原に落ちている石を集めてみると，それぞれに特徴があります。色が違い，大きさも違います。成分もできかたも違うのですが，河原で見ると一見同じ石に見えます。
　まずは汚れを落として，表面をよく見てみます。今回使用した河原の石は木曽川の石で，ほとんど同じ大きさの石ですが，よく見ると「砂岩」と「花崗岩」でした。しかし，大人が見ても見分けのつきにくい状態でした。そこで，岩石カッターを使用して表面を平らにすると，はっきりと違いが分かりました。
　身近な石を使うことで，子ども達の追究意欲に火が付けられるとよいと思います。

〈実践者：古市　博之〉

16 電気の働き

6年

⏱ TIME：7時間

つけたい力と学びのポイント

　手回し発電機などを使い，電気の利用の仕方を調べ，電気の性質や働きについての考えをもつことができるようにする。

☑ 電気は，つくりだしたり蓄えたりすることができること。
☑ 電気は，光，音，熱などに変えることができること。
☑ 身の回りには，電気の性質や働きを利用した道具があること。　　※熱は，別単元として実施

この単元の全体像

初めの観察実験「手回し発電機をコンデンサーにつないで回してみよう」（1時間）

✎学習課題❶「発電した電気をためることができるか調べよう」（2時間）

✎学習課題❷「つくった電気で身の回りのものを動かすことができるか調べよう」（2時間）

✎学習課題❸「発電した電気はどのような働きがあるのか調べよう」（2時間）

STEP 1　初めの観察実験

手回し発電機をコンデンサーにつないで回してみよう

準備しておく教材・教具
□手回し発電機　　□コンデンサー

> **POINT**
> 　手回し発電機の中に，発電用モーターがあることを知らせてから，渡すことで，発電機だが電気が流れると回ることを理解させておきましょう。

T 回してごらん？
C あれー，回すのをやめても，回ってる。
T どうしてだろう？
C 電気が流れているからかな？
C 電気がたまるからかな？

6年　電気の働き

STEP 2　問題把握

- 電気をためてみたい
- 電気をどれくらいためることができるのか
- ためた電気でいろいろなものを動かしたい
- 手回し発電機でもっと電気をつくりたい
- 手回し発電機に手回し発電機を回したらどうなるのか
- 手回し発電機のハンドルの回す速さや回す向きをかえて調べたい
- 電気はどのような働きがあるのか

→ 電気はためることができるのか
➡ 学習課題❶

→ つくった電気でものを動かせるのか
➡ 学習課題❷

→ 電気はどのような働きがあるのか
➡ 学習課題❸

ココにこだわる！　教具を探す

　発電用モーターと動力用のモーターは違います。基本的な構造は同じですがモーターも小さいモーターから大きいモーターまであります。豆電球も同じです。面白いのはコンデンサーで，種類によってたまる電気の量が違います。たくさんためて，自動車模型につないだら，ものすごい勢いで走って行きました。子ども達は大喜び。普通の教材屋さんで購入するだけではなく，電化製品のパーツを売っているお店を回ってみると，面白い教具に出会うかも知れませんね。

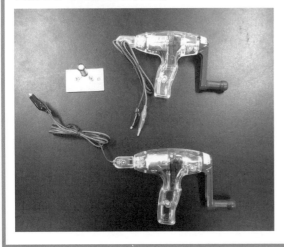
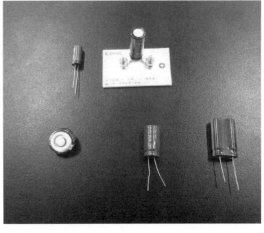

CHAPTER 2 ▶ 113

学習課題❶ 発電した電気をためることができるか調べよう

準備しておく教材・教具
□手回し発電機　□コンデンサー　□豆電球　□LED　□モーター

STEP3　見通し（予想と観察実験の方法）

電気をためることができる。手回し発電機をたくさん回すと長い時間働く。

コンデンサーでは，動かないものがあると思う。
たくさんためないと，働かないと思う。

POINT

「コンデンサーにたまった電気で，モーターや豆電球は光るか？」という点で，しっかり考えて予想をさせたいと考えています。単純に「光る」と答える児童には，大きな電球を出して，どんな電球でも光るの？と問いかけるのもよいでしょう。

STEP4　追究する観察実験

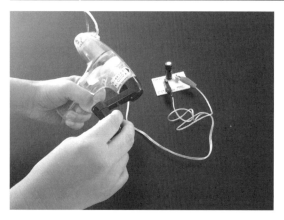

コンデンサーに手回し発電機をつなげて，50回，100回，150回と回して，次にLED，豆電球，モーターにつなげていきます。LEDは，長時間光るので，ある程度のところで時間を切って結果をまとめたほうがよいでしょう。

POINT

LEDと豆電球の比較をしたいところですが，LEDの点灯時間は，非常に長く，発電機をあまり回さないと豆電球はすぐに消えてしまいます。そのバランスを考えて提示すると，使用する電気の量について考えが深まっていくと考えています。

6年　電気の働き

STEP5　結果の集約と考えの共有化（コンセンサス）

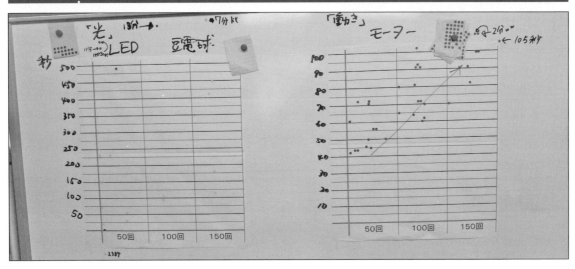

🅣 実験結果から分かることを発表しましょう。

🅒 LEDはずっと光っていて，消えません。豆電球は回せば回すほど長いこと光ります。

🅒 モーターも同じように，発電機をたくさん回せば，長い時間動きます。

🅒 2人の意見からつなげて，コンデンサーによって電気をためることができると思います。

まとめ　コンデンサーには電気をためることができる。

ココに こだわる！ 教具をチェックする

　電気の実験ほど，教具のチェックが必要な単元はありません。導線は，ちょっと引っ張るだけで断線することもあります。そして，導線が1本壊れているだけで，机間指導が円滑にいかなくなり，授業が成立しなくなった時もあります。授業前には必ず，チェックをすることが必要です。

　ですが，時間のない中，それらのことを行うのは，大変でしょうし，他の仕事に忙殺されて，なかなかできない……でしょう。でも，ここが頑張り所です。道具のチェックは，教師が自信をもって授業を行うためにするのです。

学習課題❷ つくった電気で身の回りのものを動かすことができるか調べよう

準備しておく教材・教具
□手回し発電機　□電子オルゴール　□LED　□モーター　□コンデンサー　□豆電球　□Nゲージ

> **POINT**
> 見通しを前時までに行い，子ども達から考えを引き出しておくと，様々な授業準備ができます。子ども達の考えを尊重できる学習を進められるとよいですね。

STEP3　見通し（予想と観察実験の方法）

　動かすことができる。

　動かないものもある。

STEP4　追究する観察実験

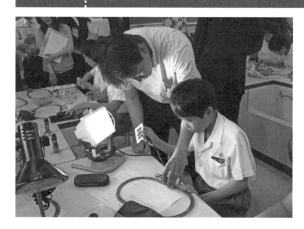

準備した実験道具を，コンデンサーや手回し発電機を使って動かします。電子オルゴールは，安定して電気を送らないとなりません。子ども達は工夫をしながら，動かしていました。

> **POINT**
> 風力発電機や，光電池も使用して実験をすると，エネルギー変換まで学習が深まります。実験道具が多くなりますが，子ども達がそれらの道具を使いこなすのも，学習だと考えています。

6年　電気の働き

STEP5　結果の集約と考えの共有化（コンセンサス）

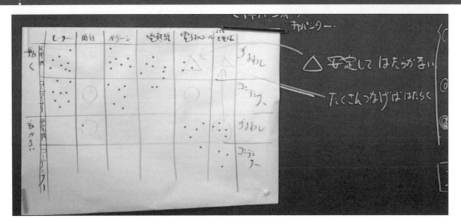

🅣 どのようなことが分かりましたか？
🅒 モーターはしっかり回りますが，発電をやめると止まってしまいます。
🅒 コンデンサーは安定して回ります。
🅒 電子オルゴールは，手回し発電機だと，上手になりません。回すスピードをコントロールしなければなりません。
🅒 コンデンサーだと安定した音で鳴ります。

> **POINT**
> 　LEDや電熱線，モーター，自転車発電機などを準備しておき，色々なものにつないで動かせるとよいでしょう。ハンドルを速く回すほど，たくさん電気が流れます。この不安定さを理解しつつ，コンデンサーの優位性を伝えられるとよいと思います。

まとめ　発電機で電気をつくったり，コンデンサーに電気をためたりすれば，身の回りのものを動かすことができる。

ココにこだわる！　何を動かすか

　手回し発電機でつくった電気で，道具を動かすのは非常に楽しい実験です。これまでいろいろなものを発電機で動かす研究授業を観てきました。人が乗れる車をつくり，手回し発電機で動かす授業は圧巻でした。自分も，Nゲージを動かす授業を行いました。最近では，直流電源を使用した家電製品も出ています。そういった家電を動かす授業も見たことがあります。何を動かすか？子ども達があっと驚く仕掛けをつくりたいものです。

〈実践者：古市　博之・今井　将〉

おわりに

　明治図書との出会いは，本大学教授であった有田和正先生の講義（授業？）をうけたのがきっかけでした。先生が明治図書発行の「教材開発」の編集長をやっておられた頃の話です。講義中に自分の故郷の守口大根に興味をもたれ，取材に行くことを考えていると話をされました。そこで，講義の後「先生，資料をもっていますか？」と話に行きました。次週，資料を集めて先生にわたしたら，その経緯を「教材開発」にのせてもらったのです。

　あれから20年近くの月日が流れました。本書への執筆の根源になったのは有田先生へのあこがれが根源にあったように思います。

　自分自身も附属に行き，先輩達に鍛えられながら様々なことを勉強する日々の中で，附属の実践のすごさをまのあたりしました。そこで学んだことを1冊の本にしたら……と薦めていただいたのは，校長の竹井史先生です。「今ある実践をしっかりためなさい」と優しく，そして，力強く導いて下さいました。

　実際に本を書くにあたり，実践を全て自分で用意するのは難しいことは，おわかりになるでしょう。筆者は附属で理科専科を2回やりましたが，満足いく実践を1人で用意するのには限界がありました。そこで，支えてもらったのが本校理科部の仲間です。「こういった形で原稿を書いたのだけど」と話をすると，快く「この写真使って下さい」と提供していただきました。本書の半分は，仲間の実践です。本校を卒業された先輩を含め，5人の実践から原稿を書き上げました。この5人には，感謝の言葉もありません。

実践者	古市　博之	本実践の起案・執筆担当
	尾形　卓也	教材開発のプロ
	佐野　雄一	理科部きっての理論派
	今井　将	実質的実践中心者
	宮嶋　賢一	敬愛する大先輩

　普段より指導をいただいている愛知教育大学教授大鹿聖公先生にもお世話になりました。

　最後になりましたが，本書を作成するにあたり，木村悠様には多大なるお時間をいただき，非力な自分を支えていただきました。

　本当に多くの皆様に支えられて1冊の本ができたのだと感じています。皆様に感謝して，あとがきにかえていただきます。本当にありがとうございました。

古市　博之

※ P106〜P111の本実践の教材開発は，TSPS 科研費15H00184の助成を受けたものです。

【著者紹介】

古市 博之（ふるいち　ひろゆき）

昭和50年	愛知県生まれ
平成11年3月	愛知教育大学卒業
平成13年度より	犬山市立犬山南小学校・教諭
平成19年度より	犬山市立犬山中学校・教諭
平成22年度より	愛知教育大学附属名古屋小学校・教諭

理科授業サポートBOOKS

そのまま追試できる！
問題解決型小学校理科授業モデル

2016年5月初版第1刷刊 Ⓒ著　者　古　市　博　之
　　　　　　　　　　　 発行者　藤　原　光　政
　　　　　　　　　　　 発行所　明治図書出版株式会社
　　　　　　　　　　　　　　　 http://www.meijitosho.co.jp
　　　　　　　　　　　 (企画)木村　悠 (校正)広川淳志
　　　　　　　　　　　 〒114-0023　東京都北区滝野川7-46-2
　　　　　　　　　　　 振替00160-5-151318　電話03(5907)6702
　　　　　　　　　　　 ご注文窓口　電話03(5907)6668
＊検印省略　　　　　　 組版所　株式会社ライラック

本書の無断コピーは，著作権・出版権にふれます。ご注意ください。

Printed in Japan　　　　　　　ISBN978-4-18-234124-3
もれなくクーポンがもらえる！読者アンケートはこちらから→

好評発売中

あなたの理科授業は板書で変わる！

文系教師のための理科授業板書モデル

全単元・全時間を収録！

福井広和・國眼厚志・高田昌慶 著
【全4巻・B5横判】

苦手な理科授業もこれで安心！1頁に45分間の板書モデルと授業のコツを収めたので、教卓にそのまま置いて授業できます。黒板をひと目見ただけで授業の流れが即理解できる「学習活動プレート」は、板書に欠かせないアイテムになること、間違いなし。3～6年の全4巻。

3年 ──────── 96頁／本体2,100円＋税【1401】

3年生の全単元・全時間　板書型指導案
1　身近な自然の観察／2　植物の成長と体のつくり／3　昆虫の成長と体のつくり／4　太陽と地面の様子／5　光の性質／6　風やゴムのはたらき／7　電気の通り道／8　磁石の性質／9　物と重さ

4年 ──────── 96頁／本体2,100円＋税【1402】

4年生の全単元・全時間　板書型指導案
1　季節と生物／2　天気の様子と気温／3　電気のはたらき／4　ヒトの体のつくりと運動／5　月と星／6　空気と水の性質／7　温度と体積の変化／8　水の三態変化／9　温まり方の違い

5年 ──────── 100頁／本体2,100円＋税【1403】

5年生の全単元・全時間　板書型指導案
1　天気の変化／2　植物の発芽・成長／3　植物の結実／4　台風と天気の変化／5　流れる水のはたらき／6　振り子のきまり／7　ヒトの誕生／8　物の溶け方／9　電流のはたらき

6年 ──────── 100頁／本体2,100円＋税【1404】

6年生の全単元・全時間　板書型指導案
1　燃焼の仕組み／2　ヒトや動物の体のつくりとはたらき／3　植物の養分と水の通り道／4　生物と環境／5　月と太陽／6　土地のつくりと変化／7　てこの規則性／8　水溶液の性質／9　電気の利用／10　生物と環境

明治図書　携帯・スマートフォンからは **明治図書ONLINEへ**　書籍の検索、注文ができます。▶▶▶

http://www.meijitosho.co.jp　＊併記4桁の図書番号（英数字）でHP、携帯での検索・注文が簡単に行えます。

〒114-0023　東京都北区滝野川7-46-1　ご注文窓口　TEL 03-5907-6668　FAX 050-3156-2790